一度はこの目で見てみたい！

日本の世界遺産

三好和義

山本厚子 執筆協力

PHP
ビジュアル
実用BOOKS

はじめに

世界遺産は、日本人の「誇り」。
その深い意義、
意味を感じてください。

僕は日本の世界遺産のすべてを撮影しています。

最初に撮影したのは屋久島です。世界遺産に登録される10年前、取材旅行で初めて屋久島を訪れました。それまで、「楽園」を求めてタヒチ、モルディブ、ハワイなど南洋の島からヒマラヤ、サハラ砂漠まで世界中を旅していました。

初めて、屋久島を訪れた時の衝撃は忘れられません。「こんなワンダーな風景が日本にあるなんて」と。それから、四季を通じて年に何度も屋久島に通いました。通い始めて10年後、屋久島が日本で初めて世界自然遺産に登録されたのです。

その時に、日本の世界遺産のすべてを撮影しようと心に決めました。幸いなことにユネスコ（国際連合教育科学文化機関）の協力もあって、その撮影に成功。現在も僕の撮影した「日本の世界遺産」展が世界中を巡回しています。

以降、新しい世界遺産が誕生すると撮影をしています。

世界遺産に登録される意義、意味を撮影する度に感じています。世界遺産に登録されるということは、それを維持しなければいけないという義務があります。

伝承された自然や文化を、あらためて意識することによって、その風景や文化施設をより大切に思うことができます。

日本には伝承することを大切にする文化があります。陶器など外来のものも大切に伝承し、今や日本にだけ残されているものも多いのです。

世界遺産登録は、その伝承の大切さをあらためて感じさせてくれます。

そして、日本には、伝承する価値のある自然や文化がたくさんあるということにも気付かせてくれます。それが何より、この世界遺産登録のよさだと思っています。

京都や奈良の古寺。屋久島や小笠原諸島の自然。そして、原爆ドームのような社会的な意味の重いものまで、世界遺産も多様です。ぜひ、この本を見て、世界遺産を訪れてみてください。世界遺産を体験することで、日本人としての「誇り」を感じていただければと願って、この本を制作しました。

三好和義

もくじ

第3章
歴史を伝える世界遺産

日本国内の世界遺産一覧マップ

2016年2月現在

自然遺産… 自　動植物の進化の過程や固有の生態系、また生物多様性などが登録基準となる自然遺産。日本では4件が登録されている。

文化遺産… 文　建造物や庭園、伝統的な集落、また、自然と人間の営みが生み出した文化的景観など15件が登録されている。

文 島根県
石見銀山遺跡とその文化的景観
(P42〜)
文 広島県
原爆ドーム
(P148〜)
文 広島県
嚴島神社
(P150〜)
文 山口県・福岡県・熊本県・佐賀県・長崎県・鹿児島県
明治日本の産業革命遺産
製鉄・製鋼、造船、石炭産業
(P46〜)
自 鹿児島県
屋久島
(P30〜)
文 京都府・滋賀県
古都京都の文化財
(P84〜)
文 奈良県
古都奈良の文化財
(P118〜)
文 奈良県
法隆寺地域の仏教建造物
(P136〜)
文 兵庫県
姫路城
(P146〜)
文 栃木県
日光の社寺
(P68〜)
文 群馬県
富岡製糸場と絹産業遺産群
(P38〜)
文 岐阜県・富山県
白川郷・五箇山の合掌造り集落
(P80〜)
文 三重県・奈良県・和歌山県
紀伊山地の霊場と参詣道
(P140〜)
文 静岡県・山梨県
富士山 ―信仰の対象と芸術の源泉
(P70〜)

本書の見方

現在、日本には、世界遺産に登録されている文化遺産、自然遺産が19あります。
本書では、そんな世界に認められた、そして世界に誇れる日本の文化や自然を、
三好和義氏の写真とともに紹介しています。

世界遺産の構成資産名

該当する世界遺産の価値を構成する資産(構成資産)名です。

世界遺産の物件名

ユネスコの世界遺産リストに登録された、物件名です。

古都京都の文化財
平安遷都以来、千年以上にわたり都として栄えた京都。

各時代に誕生した文化は、幾多の戦乱や天災を乗り越えて多層的に受け継がれてきた。

1994年、国宝や特別名勝に指定される建造物や庭園など17の資産が世界文化遺産として登録され、古都の長い歴史を物語っている。

賀茂別雷神社(上賀茂神社)

古都京都の文化財
賀茂別雷神社(上賀茂神社)
神の降りる白い盛り砂に神秘を感じる古社
Data

Data

該当する世界遺産および構成資産の見どころ、アクセス、公式サイトなどを紹介しています。

第1章 大自然の世界遺産

日本初の世界遺産である白神山地と屋久島、流氷に覆われる知床、
東洋のガラパゴスと呼ばれる小笠原諸島と現在4つある日本の自然遺産。
いずれも雄大な自然に抱かれ、豊かな生態系が保たれているのが特徴だ。
美しい海や原始の森、稀少な動植物など魅力いっぱいの自然遺産にでかけよう。

知床

原生林に囲まれた知床五湖。高架木道が整備され、知床連山の眺めも楽しめる。

緑に輝く知床で雄大な自然と出合う

原生林に囲まれた知床《しれとこ》五湖。北国の短い夏を謳歌するように、緑の樹木や可憐な高山植物がその生命を輝かせる。２００５年、知床は「生物多様性」と「生態系」の2つの価値が認められ、日本で3番目の世界自然遺産として登録された。

１５００ｍ級の急峻《きゅうしゅん》な山々、知床五湖に代表される湖沼や湿原、冬には流氷で覆われる海が狭い範囲に集まり、そこに多様な動植物が分布する。北方系のヒグマや南方系のエゾシカといった哺乳類をはじめ、針葉樹と広葉樹も混在するなど、動植物ともに北方系と南方系が共存するのが特徴だ。シマフクロウやオオワシなどの絶滅の恐れがある希少な動物も生息している。現在、日本にある4つの自然遺産の中で生物多様性が評価されているのは知床だけである。

フレペの滝の近くで出合ったエゾシカの子鹿。

オシンコシンの滝の南を流れる遠音別(おんねべつ)川では、9〜10月に遡上するサケやマスが見られる。

オホーツク海を背景にして眺めるオシンコシンの滝。世界遺産地域外だが、知床を代表する景勝地。

知床

厳寒の季節
銀世界の知床

知床という地名は、アイヌ語で〝地の果て〟を意味する「シリエトク」に由来する。ロシアのアムール川河口で形成された流氷が南下し、例年1月下旬頃に接岸。オホーツク海沿岸を覆い尽くす流氷を眺めていると、まさに地の果てを連想せずにはいられない。しかし、この流氷こそが世界遺産登録の決め手となった海洋と陸上の生態系のつながりをもたらす重要な鍵となっている。春になると養分を含んだ流氷が溶けだし、知床周辺ではプランクトンが大量に繁殖。プランクトンは甲殻類や貝類、魚類などのエサとなり、さらにそれらをオジロワシやヒグマなどの鳥類や哺乳類が食べ、最後は森の土へと還ってゆく。海、川、森と密接に関連した食物連鎖を引き起こし、壮大な命のドラマが繰り返されてきたのだ。

完全には凍っておらず、氷の下に流水がのぞくオシンコシンの滝。

凍りつくフレペの滝。海を覆いつくす流氷が、ゆっくりとうねる。

知床

標高738mにある知床峠からの眺め。海の向こうには国後島のシルエットが浮かぶ。

エコツアーで知床の魅力にふれる

細長い半島の中に山々がそびえ、高山帯から一気に海岸へと連なる険《けわ》しい地形をもつ知床。手つかずの自然が広がる大地では、生態系の頂点に君臨するヒグマをはじめ、エゾシカ、キタキツネ、エゾリスなど多くの動物が密接に関わりながら暮らしている。

知床の魅力を深く知るなら、ネイチャーガイドと散策するエコツアーに参加してみたい。知床五湖や羅臼《らうす》湖《こ》のトレッキングツアーをはじめ、滝や断崖を海上から眺める観光船クルーズ、根室海峡で楽しめるホエールウォッチング、冬の流氷ウォーキングなど多彩な自然体験ツアーが用意されている。遺産地域内には入場規制や車両規制が進められているエリアも多く、自然と人間の共生がこの豊かな自然遺産を守ることにつながっている。

淡い茶色の毛が特徴のキタキツネ。人懐っこい表情に癒される。

オホーツク海へ注ぐルシャ川の河口付近では、観光船からよくヒグマが見られる。

観光船からは、カムイワッカの滝など海へ流れ落ちる滝を眺められる。

Data

見どころ ①原生林の中に点在する知床五湖。地上遊歩道は時期やルートによって事前にガイドツアーへの申し込みが必要。②流氷が浮かぶ冬のオホーツク海（2〜3月頃）。③活火山の知床硫黄山の中腹から湧く温泉が川に流れ込んでいるカムイワッカ湯の滝。 **アクセス** ウトロへはJR知床斜里駅からバスで約45分〜1時間。羅臼へはJR釧路駅からバスで約3時間30分。 **公式サイト** http://shiretoko-whc.jp/（知床世界遺産）

十二湖（青森県深浦町）の沸壺（わきつぼ）の池。青池からブナ自然林を抜けた先にあり、透明度が高い。

ブナの木が育む白神山地の森

枝いっぱいに葉を茂らせるブナの木。太陽の光を浴び、雨や雪を受け止め、250~300年といわれる寿命を生きる。

このブナ林があるのは、青森県と秋田県にまたがる白神《しらかみ》山地。標高1000m級の山々が連なる、約13万ヘクタールの山岳地帯だ。このうち中心部の約1万7000ヘクタール（緩衝地帯含む）が世界自然遺産として登録されている。

急峻な地形と多雪のおかげでほとんど人の手が入らず、世界に類を見ない原生的なブナ林が大規模に残された。ブナを中心にミズナラやサワグルミ、カツラなど多種多様な植物が生育し、ニホンカモシカやツキノワグマ、クマゲラ、イヌワシなどの多くの動物の命を支えている。誕生以来、8000年以上ほぼ変わらぬ豊かな森の姿がここにある。

秋田県にある岳岱（だけだい）自然観察教育林。森林浴を楽しみながら散策できる。

世界遺産地域に隣接する岳岱自然観察教育林では、白神山地の原生的なブナ林の雰囲気を気軽に味わえる。

ブナの根元に積み重なった落ち葉が腐葉土を作る。

命の息吹感じる白神山地の四季

世界有数の多雪地帯である白神山地。1年のおよそ半分は雪に覆われる厳しい自然がブナを育《はぐく》むという。

春、暖かな陽射しが続くと、ブナの根元の雪が丸く溶ける「根開け」が始まる。ブナが芽吹くと、残雪の上には新芽を包んでいた赤茶色の芽《が》りんが一面に残る。白神の春を象徴する風景だ。野鳥のさえずりが響き渡り、雪どけ水の流れ込んだ沢は勢いを増す。

6月頃には、白神山地周辺に自生する植物・アオモリマンテマも可憐な白い花を咲かせる。

夏、ブナの葉はいっそう青々と茂る。そして稜線が黄色く色付くと実りの秋へ。ブナの実は栄養価が高く、冬眠前のクマの食糧となる。

ブナがすっかり葉を落としてしまうと、枝の先まで雪に覆われながら、静かに春を待つ長い冬が再び巡ってくる。

(写真上)樹齢400年のブナが静かに立つ岳岱自然観察教育林(秋田県藤里町)。
(写真下)ブナの根元から雪がだんだんと溶ける。

白神山地

水の恵み感じる ブナの森を歩く

ブナの森は「緑のダム」と呼ばれるほど保水力が高いことで知られている。根を広く張り、積み重なった落ち葉が腐葉土を作る。森を歩くとふかふかと感じるのは腐葉土のせい。ここにたっぷりと水を蓄《たくわ》えることができるのだ。

やがて浸透した水は沢へと集まり、世界遺産地域に源を発する岩木川《いわきがわ》や赤石川《あかいしがわ》などの大きな流れとなって日本海へとそそいでいく。

白神山地の核心地域は、入山が制限されているが、周辺にも豊かなブナ林が広

神秘的な美しさを放つ青池は、十二湖のなかでも人気の高いスポット。

がり、自然にふれられるスポットが多い。
　なかでも美しい風景に出合えるのは、日本海側に位置する十二湖。十二湖といっても大小33の湖沼群がブナの森に包まれて静かに点在している。コバルトブルーに輝く青池の眺めは、ブナの森の神秘を語りかけてくるようだ。

Data

見どころ ①コバルトブルーに輝く青池をはじめとした十二湖（利用期間は4～11月）。②二ツ森（秋田県藤里町）の山頂から眺める白神山地の大パノラマ（利用期間は5月下旬～11月上旬）。③3つの滝がかかる名勝地・暗門の滝（利用期間は6月下旬～10月下旬、散策道の状況により通行止めの場合もある）。
アクセス 白神山地ビジターセンターへは、JR弘前駅から弘南バスで約55分、田代（西目屋村役場前）下車、徒歩約5分。または車で約40分。 **公式サイト** http://tohoku.env.go.jp/nature/shirakami/（白神山地世界遺産センター）

十二湖の鶏頭場（けとば）の池。森の物産館キョロロから歩いてすぐの場所にある。

十二湖のひとつ、沸壺の池から流れでる清水。名水として知られている。

小笠原諸島

青い海と白い砂浜のコントラストが美しいジニービーチ（父島）。陸路はないので、ボートやカヤックで上陸する。

ボニンブルーに染まる小笠原の海

ボニンブルー。どこまでもエメラルド色に輝く小笠原特有の海の青さを表す言葉だ。透明度の高い海は、日本にいるということを忘れてしまうほど美しい。

小笠原諸島は東京から南へ約1000㎞、太平洋上に浮かぶ。大陸と一度も地続きとなったことのない海洋島で、一般の住民が暮らす父島と母島をはじめ、大小30あまりの島からなっている。2011年6月、孤立した小さな島のなかで独自に進化を遂げた多くの固有の生きものやそれらの生態系の価値が認められ、世界自然遺産に登録された。

島々を取り囲む豊かな海では、クジラやイルカ、ウミガメなどにも出合える。なかでもザトウクジラやマッコウクジラは、ジャンプしたり、ひれで海面を叩いたりと、圧倒的なスケールで私たちを魅了する。

(写真右)豪快なジャンプを見せるザトウクジラ。ホエールウォッチングに適するシーズンは2〜4月頃。(写真左)体長2mほどのハシナガイルカはジャンプが得意。小笠原海域では1年中見られる。

小笠原諸島

独自の進化を遂げた固有種の宝庫

約5000万年前、絶海に隆起してできた海洋島である小笠原。

小さな生きものや種子がたまたま海流や風、鳥などによって運ばれて、この島々にたどりつき、そして、それぞれの棲む環境に合わせて暮らしやすいように進化を遂げていった。

小笠原諸島の植物（コケ類や藻類を除く）の場合、36％が固有種である。主な植生は湿性高木林と乾性低木林で、2つの性質の異なる森が多くの固有の動植物を育んできた。

母島のワダンノキのように草が樹木になる「草本の木本化」や、ムニンアオガ

ンピのようにめしべとおしべをもつ両性花が別々の個体に分化する「雌雄性の分化」などの特徴も認められる。

独自に進化した固有種が多く見られることから、小笠原諸島は「東洋のガラパゴス」と称えられている。

小笠原村の村花・ムニンヒメツバキ（固有種）は、5〜6月頃に白い花を咲かせる。

絶滅危惧種に指定されている固有種のオガサワラシコウランは、岩壁や樹幹に着生する。

主に小笠原や八丈島に自生するヤコウタケ。小笠原ではグリーンペペと呼ばれる。

タコの足のように幹の下部から、たくさんの気根を伸ばすタコノキ（固有種）。

小笠原諸島

カタツムリに見る進化の過程

進化の過程を観察できることから、「進化の実験場」とも呼ばれる小笠原諸島。

同一の祖先からさまざまな環境に適応して多様な種に分かれていく現象を「適応放散」というが、その典型例が陸産貝類（カタツムリの仲間）だ。

小笠原にはカタマイマイ属を中心に100を超える種類がいるが、そのうち95％が固有種。地上性、樹上性、半樹上性と棲む場所により分化し、その環境に合わせて殻の形態や色の変化が進行した。また、カタツムリから殻を捨て、ナメクジに進化する途上のオガサワラオカモノアラガイのような珍しい種類もある。

小笠原でしか見られない貴重な自然に出合うにはエコツアーに参加するのがベスト。ガイドの説明を聞きながら歩くと、新たな発見や感動があるに違いない。

ゼリー状の体に殻を背負う、神秘的なオガサワラオカモノアラガイ。

体長約20～25cmのオガサワラオオコウモリは、翼を広げると80～90cmにもなる。小笠原固有種。

南島の砂浜に散らばる巻貝はヒロベソカタマイマイの半化石。1000～2000年前に絶滅したという。

特別天然記念物のハハジマメグロは、母島列島だけに生息する固有種。

Data

見どころ ①白砂とエメラルドグリーンの扇池の絶景が広がる南島(11月上旬～2月上旬は上陸禁止)。②夕陽の名所・三日月山展望台。春にはホエールウォッチングも楽しめる。③母島の乳房山トレッキング。ハハジマメグロなどの固有種に出合える場所。　アクセス 父島へは、東京港竹芝桟橋から小笠原海運の定期船「おがさわら丸」で約25時間30分。
公式サイト http://ogasawara-info.jp/ (小笠原自然情報センター)

屋久島

巨大な切り株、ウィルソン株の内部から見上げるとハート型に見える。

屋久島の森では、杉の枝を覆う苔に植物が芽生える。

亜熱帯から亜寒帯まで巨木がそびえる神秘の島

九州本島最南端から南へ約60km、東シナ海と太平洋の間に浮かぶ屋久島。この地では樹齢千年以上のスギは屋久杉と呼ばれ、千年に満たないものは小杉と呼ばれる。巨木がそびえる緑濃い森のなかに立つと、悠久の時を越えて紡がれる生命の神秘を感じるに違いない。

屋久島は、約5万ヘクタールの小さな島。そのなかに九州最高峰となる標高1936mの宮之浦岳を主峰に、標高1000mを超える山々が連なることから「洋上のアルプス」とも呼ばれている。海岸付近は亜熱帯の植生だが、標高が上がるにつれ照葉樹林帯、スギ樹林帯、そして山頂付近の亜高山帯と続き、日本の北から南の植生を凝縮したような垂直分布が見られる。屋久杉をはじめ、多様な動植物が織りなす生態系が世界遺産として認められた。

残雪のなかに立つ縄文杉。樹高25.3m、胸高周囲16.4mもある縄文杉は、屋久島を代表する巨樹。

屋久島

(写真上)サツキの赤い花が咲くのは、縄文杉を目指すコースの途中にある小杉谷。(写真下)落差88mを流れ落ちるダイナミックな大川(おおこ)の滝。

屋久島だけに見られる固有変種ヤクシマシャクナゲ。5〜6月頃、ピンクの花が咲き誇る様子はまるで桃源郷のよう。

屋久島

雨に包まれた緑の苔むす森

「ひと月35日雨が降る」といわれるほど降水量の多い屋久島。年間降水量は平野部で4000㎜前後、山間部ではその倍近くにもなるという。暖かい黒潮の海から上った水蒸気が屋久島の山々にぶつかり、雲となって大量の雨を降らせているのだ。降り注いだ雨は水量豊かな川になり、大川《おおこ》の滝や千尋《せんぴろ》の滝のような迫力ある滝にもなる。

大量の雨は白谷雲水峡《しらたにうんすいきょう》のような苔の森を育む。湿度が高く、霧が発生しやすい環境が苔の生育を促し、木々も切り株も岩も一面苔で覆い尽くされた緑色の世界が広がる。日本には約1600種の苔があり、そのうち600種ほどが屋久島で生育しているという。白谷雲水峡の太鼓岩への散策コースを歩けば、映画『もののけ姫』のモデルともなった苔むす森も見られる。

朝もやに包まれる森のなかに朝日が差し込み、神秘的な白谷雲水峡。

樹皮がはがれ、苔がつかないヒメシャラ。赤褐色の木肌はツルツルとしている。

屋久島

本州のホンドザルより小型でずんぐりとしたヤクシマザル。子猿は黒々とした毛並みが特徴。

屋久島特有の愛らしい動物たち

約１４００万年前、花崗岩が隆起して誕生した屋久島。亜熱帯の海岸近くから冬には雪が降る標高２０００m近い山岳地帯まで、豊かな植生が垂直に分布しており、植物は１９００種以上が確認されている。

また種類は少ないが、ヤクシマザルやヤクシカなど屋久島特有の動物も見られる。これは九州と地続きだった氷河期に渡ってきたニホンザルやニホンジカが島に取り残され、その後、島の環境に適応して現在の姿になったものと考えられている。屋久島では古くから「ヒト二万、サル二万、シカ二万」といわれてきたほど身近な動物。白谷雲水峡や西部林道などを歩いていると、その愛らしい姿を見かけることもあるが、生態系を維持し、自然と人間が共存するためにエサなどを与えないように注意したい。

本州に生息するニホンジカと比べ、小さいヤクシカ。生息数は約3万頭と推測される。

Data

見どころ　①屋久島のシンボル・縄文杉。往復10時間程度のトレッキングコースで、しっかりとした登山の装備が必要。②屋久杉や苔の森が見られる白谷雲水峡。③白い砂浜が約1㎞も続く永田いなか浜。5～7月にアカウミガメが産卵に訪れる。

アクセス　屋久島へは、大阪国際空港から飛行機（日本エアコミューター）で約1時間35分。鹿児島空港から飛行機（日本エアコミューター）で約35分。鹿児島港から高速船トッピー&ロケットで約1時間50分（直行便の場合）、宮之浦港下船。

公式サイト　http://www.env.go.jp/park/yakushima/ywhcc/（屋久島世界遺産センター）

第2章

日本の技術を誇る世界遺産

15件ある文化遺産のなかでも3件は日本の技術を誇る産業遺産である。世界にその名を知らしめた石見銀山遺跡、明治の殖産興業に貢献した富岡製糸場、そして各地に点在する23の構成資産からなる明治日本の産業革命遺産と、史跡や建造物などが先人たちの知恵や熱意、労苦を雄弁に物語っている。

富岡製糸場と絹産業遺産群

富岡製糸場

三角形に組むトラス構造を小屋組みに採用した繰糸所。明るく大きな空間で、創業当時、300釜のフランス式繰糸器が並び、繭から生糸を生産していた。

木骨煉瓦造で建てられた東置繭所は100mを超える大型の倉庫。

日本の近代化を支えた赤煉瓦の官営工場

1872（明治5）年、明治政府は殖産興業を推進するため官営の富岡製糸場を創設した。フランス人指導者ポール・ブリュナを招き、フランス式繰糸器を設置。全国から集めた工女に器械製糸を指導して、高品質な生糸の大量生産に成功した。2014年、日本と西洋の技術が融合し、技術革新を進めたことが評価され、富岡製糸場は世界遺産に登録された。

製糸場は1987（昭和62）年に操業を停止したが、当時の建物が現在も保存されている。東置繭所、西置繭所、操糸所の3棟は国宝。木材の骨組みに煉瓦積みの壁を組み合わせた木骨煉瓦《もっこつれんが》造《ぞう》という工法で建てられている。長い面と短い面を交互に並べたフランス積みの煉瓦が美しく、日本の近代化を牽引した誇りを示しているかのようだ。

（写真上）フランス人指導者ポール・ブリュナが家族と暮らした首長館（ブリュナ館）。
（写真右）アーチ状の入口のキーストーンには「明治五年」という竣工年が刻まれる。

撮影協力　富岡市・富岡製糸場

富岡製糸場と絹産業遺産群
高山社跡と荒船風穴など

上州の人々に宿る養蚕への情熱

　富岡に製糸場が建てられたのは、工場建設のための広い土地や、製糸に必要な大量の水、石炭が確保できたからだが、まずはもともと養蚕が盛んな土地柄であったことが挙げられる。

　富岡製糸場とともに世界遺産に登録された田島弥平旧宅、高山社跡、荒船風穴を見れば、製糸場設立以前からこの地で技術革新の芽が育っていたことが窺《うかが》える。

　田島弥平旧宅は1863（文久3）年、養蚕家・田島

弥平が建てた住居兼蚕室。田島は換気を重視した蚕の飼育法を確立した。

高山社跡は田島の飼育法を進化させた高山長五郎が設立した養蚕の教育機関。

そして荒船風穴では蚕種《さんしゅ》を冷蔵保存し、通常年1回だった養蚕を複数回可能にした。

このような上州の人々の養蚕への情熱が富岡製糸場での飛躍的な発展を導いたのだ。

Data

見どころ ①煉瓦造りの建物が美しい富岡製糸場。ガイドツアーやイベントも開催される。②解説員の案内で見学できる高山社跡。敷地全体が国指定史跡となっている。③自然の地形を生かした荒船風穴（12〜3月は冬期閉鎖）。 アクセス 富岡製糸場へは、JR高崎駅から上信電鉄に乗り換え約40分、上州富岡駅下車、徒歩約15分。 公式サイト http://worldheritage.pref.gunma.jp/ja/（富岡製糸場と絹産業遺産群　群馬県企画部世界遺産課）

藤岡市にある高山社跡。屋根の上には換気のためのヤグラを配している。

夏でも涼しい荒船風穴（下仁田町）。温度管理によって蚕種（蚕の卵）の孵化の回数を増やした。

桑の葉をエサに飼育される蚕。サナギになる時に生成される繭を収穫し、生糸が作られる。

高山社跡の蚕室。ここで清温育（せいおんいく）という養蚕法の研究や指導を行った。

石見銀山遺跡とその文化的景観

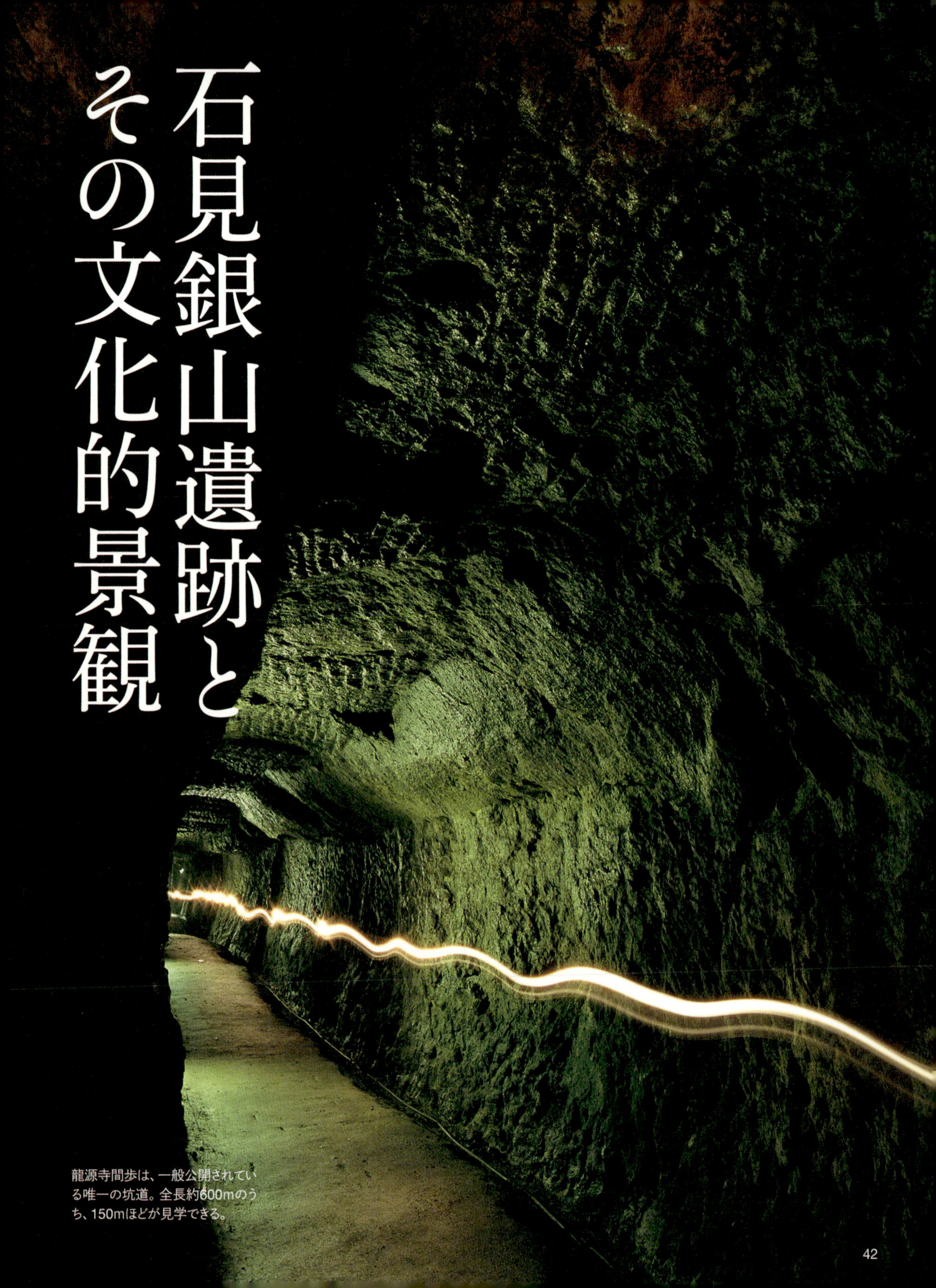

龍源寺間歩は、一般公開されている唯一の坑道。全長約600mのうち、150mほどが見学できる。

山間にある銀鉱山から はるか海を越えて世界へ

島根県中央の山間《やまあい》に位置する石見銀山。間歩《まぶ》と呼ばれる真っ暗な坑道を歩くと、今も岩を削るノミの音が遠くから響いてくるようだ。

調査によると約600カ所あるといわれる間歩。かつてここで銀鉱石が採掘され、アジアやヨーロッパへと輸出された。

高品質の銀を大量に産出できたのは、東アジアの灰《はい》吹法《ふきほう》と呼ばれる精錬技術を導入したことによる。16世紀半ばから17世紀前半の最盛期には、日本の銀が世界の銀の約3分の1を占め、その大部分が石見銀であったと考えられている。フランシスコ・ザビエルも本国への書簡の中で日本を「銀の島」と紹介するほどであった。

昭和初期に閉山したものの、一般公開されている間歩や江戸時代の風情を残す町並みを歩けば往時の面影を探すことができる。

(写真上)真言宗の寺院・羅漢寺。五百羅漢を安置する石窟へは、3つある石組みの反り橋を渡る。(写真下)五百羅漢像は銀山で亡くなった人々を供養するため、約20年の歳月をかけて造られた。

石見銀山遺跡とその文化的景観

積み出し港の沖泊は、リアス式の深い入り江をもち、大型船の入港に適した。

広大なエリアが世界遺産に登録される

「石見銀山遺跡とその文化的景観」として世界遺産に登録されたのは銀鉱山跡と鉱山町だけではない。銀の積み出し港や港町、銀山と港をつないだ街道も含まれ、それらが一体となって良好な状態で残されていることが高く評価された。

銀山に隣接して発展した大森地区は重要伝統的建造物群保存地区に選定される。銀山を支配するため江戸幕府が置いた代官所の跡をはじめ、虫籠窓《むしこまど》や石州瓦《せきしゅうがわら》が風情を感じさせる武家や商家の旧宅が立ち並ぶ。山中を抜ける銀山街道には、苔むした石畳の坂道、石仏や道標などの史跡が点在。かつて大型船が停泊した沖泊や鞆《とも》ヶ《が》浦《うら》の港には船を繋留《けいりゅう》するための鼻ぐり岩が残り、そしてレトロな町並みの港町・温泉津では温泉も楽しめる。広大なエリアにて多彩な魅力を今も体験できる。

大森と同様に重要伝統的建造物群保存地区に選定されている温泉津（ゆのつ）の町並み。

Data

見どころ ①間歩と呼ばれる坑道。一般公開される龍源寺間歩とガイドツアーでのみ見学できる大久保間歩（12～2月は休止）がある。②500体の羅漢像が安置される羅漢寺。③良質の温泉が湧く温泉津。**アクセス** 石見銀山世界遺産センターへは、出雲縁結び空港から空港連絡バス出雲市駅線で約25分、出雲市駅バス停下車。JR山陰本線に乗り換え、出雲市駅から約45分（特急約25分）、JR大田市駅下車。石見交通バス世界遺産センター行きに乗り換え約35分、終点下車。 **公式サイト** http://ginzan.city.ohda.lg.jp/（石見銀山世界遺産センター）

観世音寺境内から望む大森の町並み。銀山のある仙ノ山を遠望する。

明治日本の産業革命遺産

製鉄・製鋼、造船、石炭産業

２０１５年７月、世界文化遺産に登録された「明治日本の産業革命遺産」。19世紀半ばの幕末期、欧米列強の圧力に対抗するため近代化を迫られた日本は西洋の知識や技術を導入し、わずか50年という短期間で重工業の産業化を成し遂げた。重要な役割を果たした23の構成資産のうちいくつかを紹介する。

韮山反射炉（韮山）

(写真左)鉄製砲を鋳造する前に造られていた青銅製29ドイムモルチール砲。
(写真右)ドーム状の炉体内部。耐火煉瓦の天井に石炭などの熱や炎を反射させたことから反射炉と呼ばれた。

大砲鋳造を実現した 日本で唯一現存の反射炉

伊豆山中、青空に向かってそそり立つ2基の煙突と、耐火煉瓦で組まれた溶解炉。これが実際に大砲を鋳造し、国内で唯一現存する韮山《にらやま》反射炉である。

反射炉とは金属を溶かして大砲などを鋳造するための溶解炉で、内部のドーム型の天井に熱や炎を反射させて銑鉄を溶かす高温を実現させる構造をもつ。

反射炉を築造したのは伊豆韮山の代官を務めた江川《えがわ》英龍《ひでたつ》と後を継いだ子の英敏《ひでとし》。英龍は蘭学者と親交が深く、日本の海防政策や西洋砲術の重要性を幕府に進言するなど、日本の軍事の近代化の基礎を築いた人物だ。

現在は反射炉を残すのみだが、周辺には錐台《すいだい》小屋や鍛冶小屋など、さまざまな建物が集まり、製砲工場を形成していた。我が国の製鉄史の初期段階を示す産業遺産として評価されている。

Data
見どころ ①韮山反射炉。②江川英龍・英敏父子について学べる重要文化財江川邸。 アクセス 伊豆箱根鉄道駿豆線伊豆長岡駅からタクシーで約5分(徒歩の場合は約20〜30分)。江川邸へは、伊豆箱根鉄道駿豆線韮山駅からタクシーで約7分。 公式サイト http://www.city.izunokuni.shizuoka.jp/bunka_bunkazai/manabi/bunkazai/hansyaro/index.html (伊豆の国市)

1857(安政4)年に3年半の歳月をかけて完成した韮山反射炉。炉体と煙突部分を合わせた高さは約15.7m。

明治日本の産業革命遺産
萩城下町・松下村塾・萩反射炉など（萩）

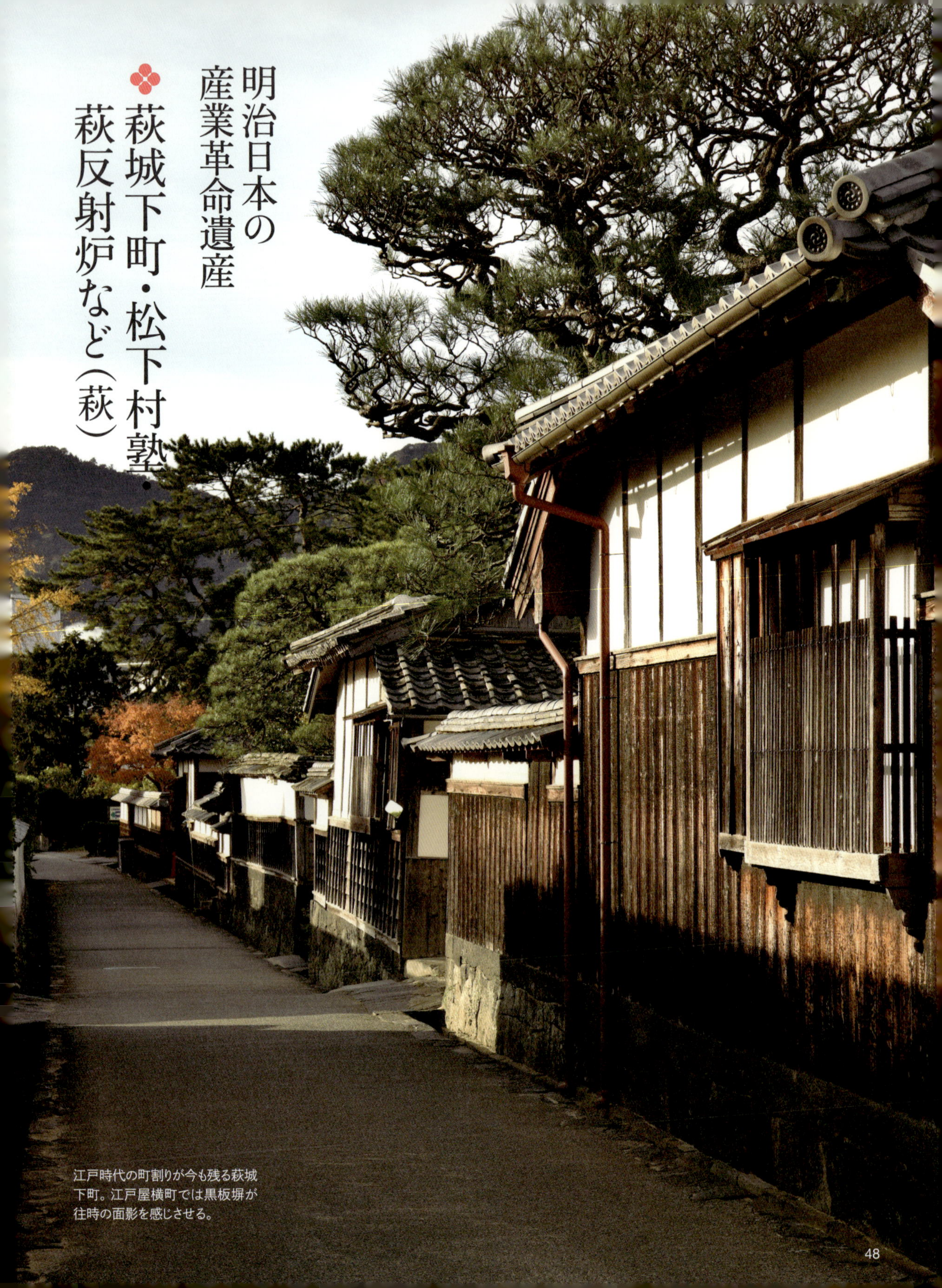

江戸時代の町割りが今も残る萩城下町。江戸屋横町では黒板塀が往時の面影を感じさせる。

（写真右）多くの若者が集った松下村塾。吉田松陰は身分や階級にとらわれず塾生として受け入れた。
（写真左）1856（安政3）年、萩藩が建造した萩反射炉。高さ10.5mの煙突は安山岩積み（上方一部煉瓦積み）。

日本の近代化を目指した萩（長州藩）の矜持

武家屋敷や町家が軒を並べ、今も城下町の佇《たたず》まいを残す山陰の小さな町、萩。城下町、反射炉、松下村塾など5つの資産が日本の近代化初期を証明するものとして世界遺産に登録された。

幕末、萩（長州）藩では欧米列強の脅威に対抗するため日本の近代化、産業化を推進する気運がいち早く高まっていた。萩反射炉は、西洋式の鉄製大砲鋳造を独自に目指した萩藩が、鉄を溶かすために建造した溶解炉。現存する反射炉は静岡県の韮山との2カ所のみとなっている。

また、吉田松陰が主宰した松下村塾は、奇兵隊を創設した高杉晋作や禁門の変で倒れた久坂玄瑞、のちの初代内閣総理大臣、伊藤博文など多くの逸材を輩出。幕末から明治にかけて重要な役割を担い、近代日本の基礎を築いた。

Data

見どころ ①木戸孝允旧宅や高杉晋作誕生地など幕末の志士ゆかりの地などをめぐる城下町散策。②西洋式帆船を建造した恵美須ヶ鼻造船所跡と、日本の伝統的なたたら製鉄の遺跡、大板山たたら製鉄遺跡も世界遺産に登録される。
アクセス 萩市街地へは、JR新山口駅から防長バス、またはJRバスで約1時間10分～1時間35分、萩バスセンター下車。
公式サイト http://www.city.hagi.lg.jp/site/sekaiisan/（萩市）

1604（慶長9）年、毛利輝元が指月山に築城した萩城の跡。現在は石垣と内堀だけが昔の姿を留める。

明治日本の産業革命遺産

端島炭坑（長崎）

島内最大の鉱員住宅だった65号棟。建物に囲まれて児童公園があった。（一般公開ルートでは見学不可）

※長崎市の特別な許可を得て撮影しています。

明治日本の産業革命遺産
端島炭坑（長崎）

閉山後も人々を魅了 海に浮かぶ廃墟の島

軍艦島の名前で知られる端島《はしま》炭坑は、かつて海底炭鉱の島として栄華を極めた。今なお鉄とコンクリートの残骸が残された廃墟として人々を惹《ひ》きつけてやまない。

長崎港から南西約18㎞の沖合に浮かぶ面積6・5ヘクタールほどの小さな島。長崎港などから出航する5社の軍艦島上陸ツアーでのみ訪れることが可能だ。

1890（明治23）年より三菱の所有となり、石炭の採掘がスタート。1974（昭和49）年に閉山されるまで良質の石炭を産出し、主に八幡製鐵所の製鉄用原料炭として供給された。最盛期には5000人を超える人々が暮らし、島には日本初の鉄筋コンクリート造りの高層アパートも建設。無人となった現在も人々が暮らした当時の様子を窺《うかが》わせる建物が数多く立ち並び、胸に熱く語りかけてくる。

Data

見どころ ①船から眺める軍艦のようなシルエットの島。②崩壊しそうな高層アパートが林立する様子。③総合事務所やベルトコンベアーの柱などの産業遺構。 **アクセス** 端島へは、軍艦島上陸ツアーに参加。長崎港から船で約40分。 **公式サイト** http://www.at-nagasaki.jp/gunkan/（長崎市公式観光サイト）

島の北に位置する端島病院に残るタイル張りの手術室（一般には非公開）。

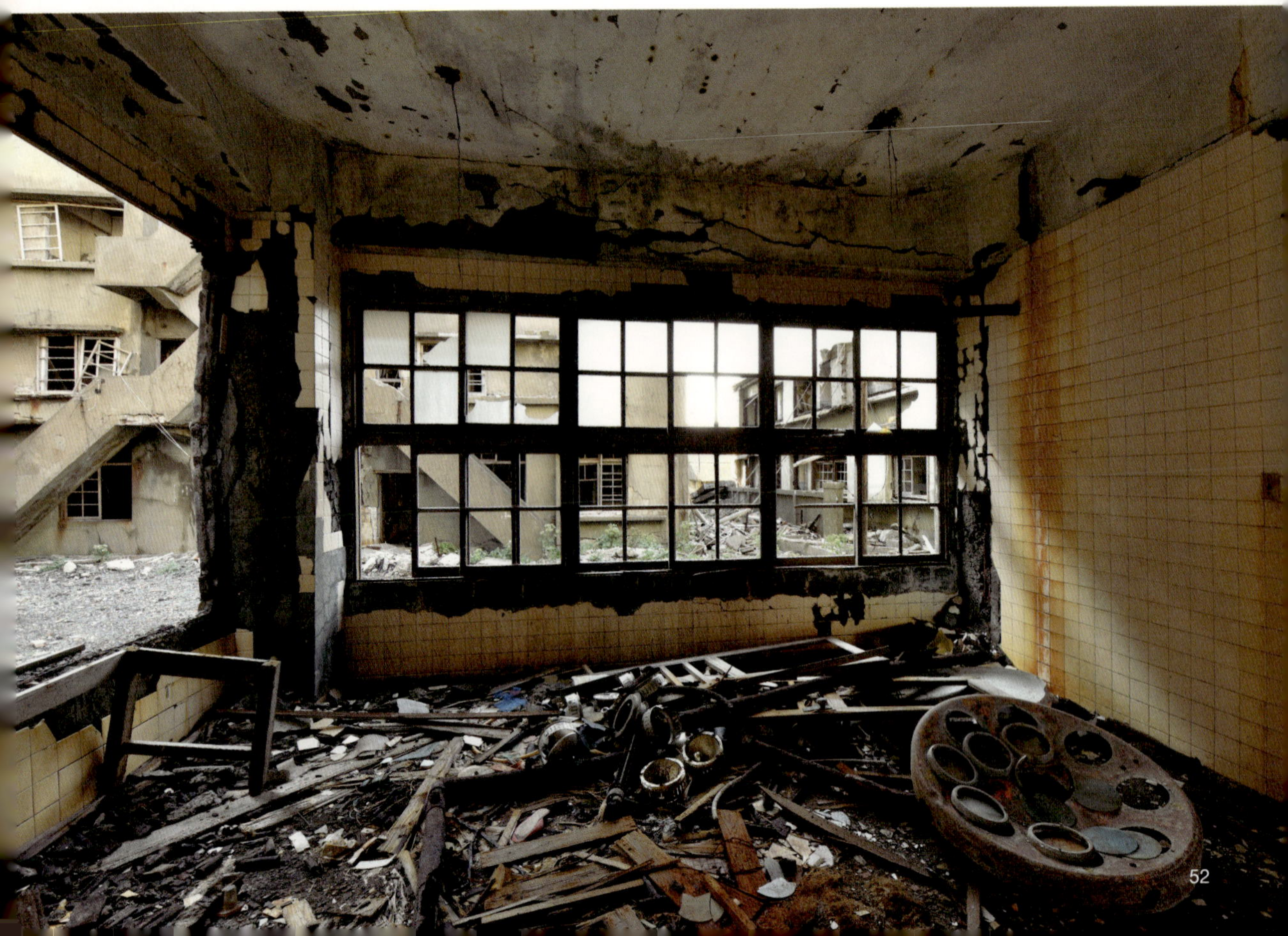

精選された石炭を貯炭場に運んだ
ベルトコンベアーの支柱。第1見学
広場から眺められる。

明治日本の産業革命遺産
端島炭坑（長崎）

全体を護岸が囲う島影が軍
艦・土佐に似ていることから軍
艦島と呼ばれるようになった。

明治日本の産業革命遺産
三菱長崎造船所(長崎)
第三船渠《せんきょ》・旧木型場

近代造船業を導いた
当時東洋一を誇った船渠

1905(明治38)年に完成した三菱長崎造船所の第三船渠(ドック)。船の建造や修繕を行う施設で、開渠時に設置された英国製の排水ポンプとともに100年を越えて、今なお稼働している。

長崎における近代造船業の歴史を紐解くと、開国時に幕府が海軍を創設したことに始まる。長崎海軍伝習所を設置し、オランダの技術者の指導のもと造船所を建設した。1861(文久元)年完成の最初の工場は、長崎製鉄所と呼ばれた日本初の近代的な洋式工場だった。

その後、幕府から明治政府、三菱へと主を変えながら、拡張・発展を遂げていった。

構成資産のひとつ、旧木型場は、鋳物《いもの》工場に併設された煉瓦造りの工場。現在は長崎造船所史料館として、造船所の歴史を物語る多数の史料を展示している。

長崎造船所に現存する建物のなかで最も古い旧木型場。現在は史料館として一般公開されている。

竣工当時、東洋最大であった第三船渠。長崎造船所内にあり、非公開である。

明治日本の産業革命遺産

三菱長崎造船所（長崎）

占《せん》勝《しょう》閣《かく》

今も迎賓館として使用の日本人による洋風建築

三菱長崎造船所内の構成資産のひとつに木造の洋館・占勝閣がある。１９０３（明治36）年、第三船渠を見下ろす丘に長崎造船所所長の邸宅として着工。翌年完成したが、邸宅として使用せず、迎賓館となった。

鹿鳴館の建築に関わった英国人建築家ジョサイア・コンドルの弟子・曾《そ》禰《ね》達《たつ》蔵《ぞう》の設計により建築され、１階に食堂や応接室、書斎を、２階に寝室、ホールを、煉瓦造りの地下には厨房を設け、調度品は当時の最高級英国製品が揃えられた。軍艦・千代田艦長の東伏見宮《ひがしふしみのみや》依仁《よりひと》親王が宿泊後に「風光景勝を占める」と評したことから占勝閣と命名された。

現在も迎賓館として利用され、一般には非公開。遠くから眺めるほかないが、緑の木々に囲まれた、尖塔を掲げた屋根やベランダなど特徴ある建物が印象的だ。

Data

見どころ ①旧木型場の建物を利用して、日本最古の工作機械などを展示する長崎造船所史料館。 **アクセス** 史料館へは、JR長崎駅前から史料館専用のシャトルバス利用（史料館見学は完全予約制。所要時間は、長崎駅と史料館との間の移動・見学含め約90分）。 **公式サイト** http://www.mhi.co.jp/company/facilities/history/（三菱重工株式会社 長崎造船所 史料館） ※三菱長崎造船所の第三船渠、ジャイアント・カンチレバークレーン、占勝閣は非公開施設。

現在も進水式・引渡式の祝賀会、貴賓の接待などの際に迎賓館として使用される占勝閣。

旧グラバー住宅（長崎）

1863（文久3）年に建てられた旧グラバー住宅。正面玄関を設けないクローバー形の建物。

日本の産業化に貢献した貿易商グラバーの拠点

現存する日本最古の木造洋風建築として知られる旧グラバー住宅。ベランダコロニアル様式と日本瓦や漆喰などを用いた日本の伝統的な建築技術を融合して建てられている。この住宅の主が1859（安政6）年、長崎開港と同時に来日したスコットランド人の貿易商グラバーだ。倒幕派の志士たちを陰で支え、また石炭、造船、蒸気機関などの分野において西洋の機械技術を導入し、近代化の進展に貢献した。長崎の構成資産に含まれる小菅修船場《こすげしゅうせんば》や高島炭坑でも薩摩藩や佐賀藩と協力し、事業化に尽力している。

長崎港を見下ろす高台にある長崎市随一の観光スポット、グラバー園。園内の旧グラバー住宅を訪れると、新しい日本の夜明けを夢見てここに集《つど》った人々の記憶がよみがえってくる。

当時の食卓の様子を再現している大食堂。

Data

見どころ ①世界遺産であり、現存する日本最古の木造洋風建築・旧グラバー住宅。 **アクセス** グラバー園（第1ゲート）へは、JR長崎駅から路面電車正覚寺下行きに乗車し、築町電停下車。石橋行きに乗り継ぎ、大浦天主堂下電停下車、徒歩約8分。 **公式サイト** http://www.glover-garden.jp/（グラバー園）

石炭や炭鉱で使用する資材の運搬のために敷設された三池炭鉱専用鉄道。最盛期には総延長150㎞にもおよんだ。

明治日本の産業革命遺産
三池炭鉱・三池港（三池）
三池炭鉱

日本最大の炭鉱が近代化を牽引した

福岡県大牟田市と熊本県荒尾市にまたがる三池炭鉱。室町時代、農民により発見され、江戸時代中期から石炭の採掘が始まる。その後、1873（明治6）年の官営化を経て、1889（明治22）年に三井組に払い下げられた。排水のため英国製のデビーポンプを設置するなど機械化が急速に進められ、出炭量も増大。明治から大正、昭和にかけて日本の近代化を牽引した。

三池炭鉱の構成資産は、三井組が最初に独自開発した宮原坑、1902（明治35）年に出炭を開始した万田坑、干満差の著《いちじる》しい有明海で大型船が寄港できるようにと築かれた三池港、炭鉱と三池港を結んだ三池炭鉱専用鉄道敷跡の4つ。炭鉱は1997年に閉山したが、煉瓦造りの巻揚機室や鋼鉄製の竪坑櫓《たてこうやぐら》などが良好な状態で保存されている。

Data

見どころ ①炭鉱遺構の残る宮原坑と万田坑。②石炭をテーマにした大牟田市石炭産業科学館。　アクセス 宮原坑へは、JR大牟田駅から西鉄バス勝立方面行きで早鐘眼鏡橋バス停下車、徒歩約10分。万田坑へは、JR荒尾駅から産交バス万田中・倉掛方面行きで万田坑前バス停下車、徒歩約1分。　公式サイト https://www.miike-coalmines.jp/（大牟田の近代化産業遺産）、http://www.city.arao.lg.jp/mandako/（荒尾市万田坑）

三池炭鉱の主要坑口のひとつ、万田坑。第二竪坑櫓や巻揚機室、ポンプ室などが保存され、国の重要文化財・史跡に指定される。

明治日本の産業革命遺産

三池炭鉱・三池港（三池）

三池港

現代に受け継がれる偉大な港湾事業

1908（明治41）年、干満の差が大きい有明海に三池炭鉱の石炭積み出し港として築かれた三池港。築港以前、有明海は干潮時になると沖合に干潟が現れ、大型船の来航が難しかった。そのため石炭を輸送するには、大牟田川河口から小型船や艀《はしけ》により長崎県島原半島の口之《くちの》津《つ》港などに運び、大型船に積み替えられていた。そこで三池港の築港に着手したのが、米国に留学し、西洋技術を学んだ三井の團琢磨《だんたくま》であった。團は海外の最新技術を導入し、長大な防砂堤や、潮位差を解消するための閘門《こうもん》を備えた船渠《せんきょ》などを整備。炭鉱専用鉄道と一体となって採炭から搬出までの一貫した石炭輸送を可能とした。

三池炭鉱が役割を終えた今も海上輸送網の拠点として稼働する三池港。團の偉業を雄弁に物語っている。

Data

見どころ ①三池港全体を眺められるよう設置された三池港展望所。②三池港の開港と同時に開館した洋館、旧三井港倶楽部。現在はレストランなどとして活用されている。 **アクセス** JR大牟田駅東口から西鉄バス荒尾駅前行きで約10分、三川町1丁目バス停下車、徒歩約5分。またはJR大牟田駅西口から西鉄バス三池港行きで約8分、三池港バス停下車、徒歩約5分。 **公式サイト** https://www.miike-coalmines.jp/（大牟田の近代化産業遺産）

三池港の閘門の両脇にあるスルースゲートシステム。扉を上下移動させる水門で、水位を調整する。

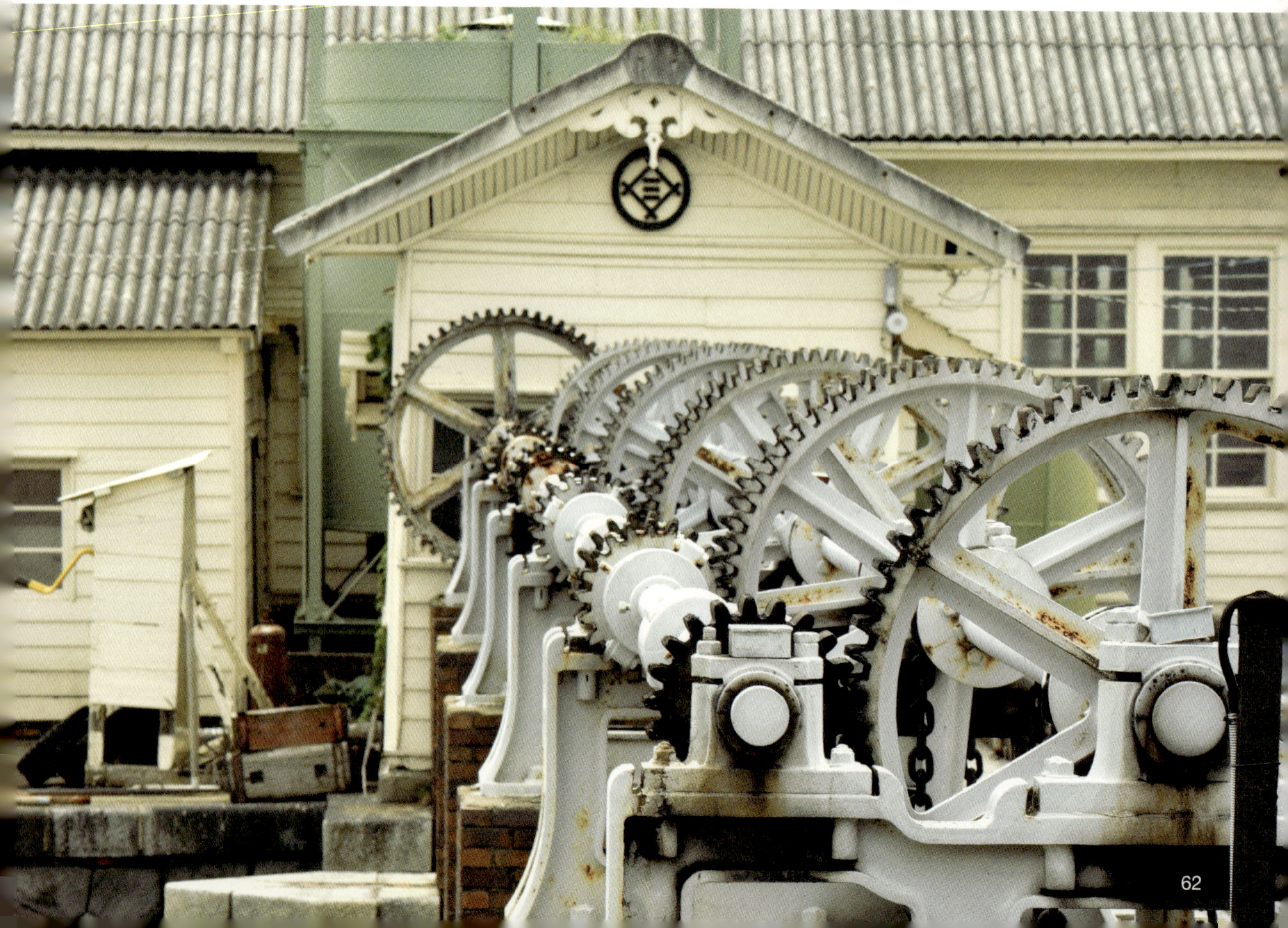

第3章

歴史を伝える世界遺産

城郭や寺社、庭園、信仰の道、集落など多彩な物件が登録される文化遺産。
なかには日本人の心の拠りどころである富士山や
核兵器廃絶を訴える平和のシンボル・原爆ドームまでも含まれている。
日本の歴史や文化、精神を伝える貴重な文化遺産を訪ねてみよう。

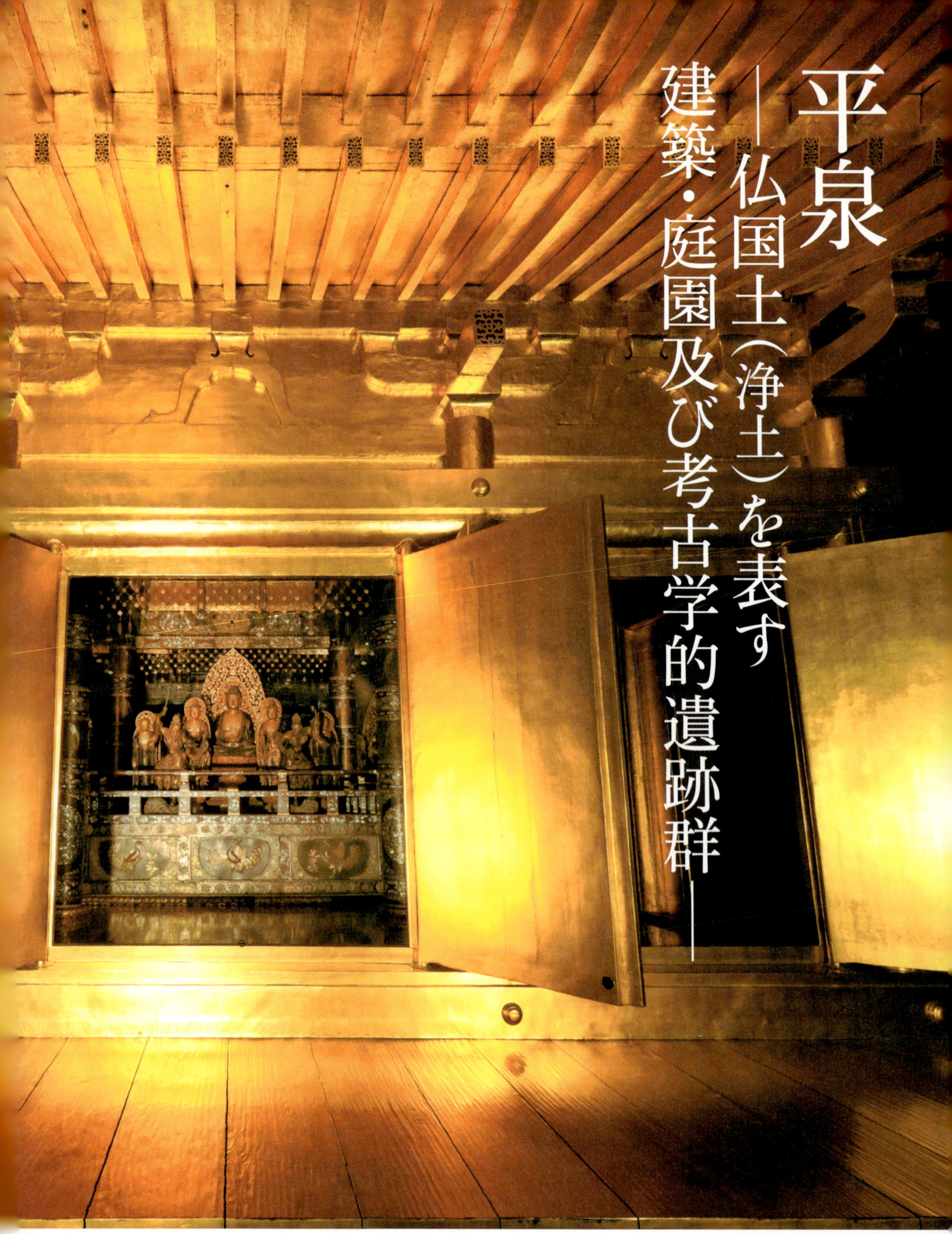

平泉
—仏国土(浄土)を表す建築・庭園及び考古学的遺跡群—

(写真上)中尊寺金色堂堂内具として国宝に指定された金銅華鬘(こんどうけまん)。団扇状の透かし彫りで仏堂を飾った。
(写真下)金色堂を風雪から守るため建てられた新覆堂。鎌倉幕府の建造と伝わる旧覆堂も保存され、重要文化財に指定されている。

1124(天治元)年創建の金色堂。須弥壇には清衡、基衡、秀衡の遺体と4代泰衡の首級が納められる。

光り輝く御堂は平和の理想郷の原点

平安時代末期、初代清衡《きよひら》から基衡《もとひら》、秀衡《ひでひら》と三代約100年にわたり平泉を拠点に東北地方で勢力を誇った奥州藤原氏。「前九年の合戦」「後三年の合戦」と度重なる合戦で家族を失った清衡は、仏の教えによる平和の理想郷、仏国土の実現を目指した。その願いを込めて建立したのが中尊寺だ。

なかでも金色堂は、本尊の阿弥陀如来坐像などの仏像をはじめ、須弥壇《しゅみだん》や巻柱《まきばしら》などに金箔が押され、螺鈿《らでん》や象牙、宝石などで荘厳華麗に飾られている。往時の工芸技術を集約し、極楽浄土を表現したまばゆいばかりの御堂である。

「五月雨《さみだれ》の 降残《ふりのこ》してや光《ひかり》堂《どう》」。境内には、1689(元禄2)年にこの地を訪れた松尾芭蕉の句碑が立つ。藤原氏滅亡後も輝きを放つ金色堂の姿に、盛衰の歴史を重ねた芭蕉の名句が残る。

平泉―仏国土（浄土）を表す建築・庭園及び考古学的遺跡群―

藤原氏の祈りを込めた壮大な浄土庭園

2011年、浄土思想に基づいた寺院や庭園が評価され、世界遺産に登録された平泉。中尊寺、毛越寺《もうつうじ》、観自在王院跡《かんじざいおういんあと》、無量光院跡《むりょうこういんあと》、金鶏山《きんけいさん》の5つの資産が認められた。これらには園池の前に仏堂を配し、極楽浄土を再現しようとした4つの浄土庭園も含まれている。

なかでも2代基衡が造営を始め、3代秀衡が完成させた毛越寺の庭園は、平安

坂上田村麻呂が征夷の記念に建立した達谷窟毘沙門堂（たっこくのいわやびしゃもんどう）。世界遺産の関連資産として拡張登録を目指し、現在、暫定リストに掲載されている。

作庭当初の趣を伝える毛越寺の浄土庭園。砂洲と入江が柔らかな曲線を描いた洲浜が美しい海岸線を表す。

時代の庭園書『作庭記《さくていき》』に倣《なら》った技法を駆使したもので、理想の浄土庭園の姿を今に留めている。建物はすべて焼失したが、海を表現した大泉が池には洲浜《すはま》や出《で》島《じま》、築山《つきやま》などを配し、自然の情景を映し出している。

奥州藤原氏の時代は100年ほどで終わりを告げたが、彼らが目指した理想郷への思いは、浄土庭園の姿とともに今も〝みちのく〟に息づいているようだ。

Data

見どころ ①黄金に輝く中尊寺金色堂。②浄土庭園を今に伝える毛越寺庭園。③パネルや映像などで平泉の世界遺産を紹介するガイダンス施設「平泉文化遺産センター」。平泉散策前に立ち寄りたい。 **アクセス** 中尊寺へは、JR平泉駅から徒歩約25分、または岩手県交通バス中尊寺バス停下車。毛越寺へは、JR平泉駅から徒歩約7分。 **公式サイト** http://www2.pref.iwate.jp/~sekaiisan/（いわて平泉世界遺産情報局）、http://hiraizumi.or.jp/（平泉観光協会）

日光の社寺

江戸初期の建築技術の粋を集めた建造物群

1999年、世界遺産に登録された日光東照宮、輪王寺、二荒山神社《ふたらさんじんじゃ》の二社一寺。17世紀の芸術作品の集大成として価値が認められ、神社建築の見本として、また神仏習合の信仰の地としても高く評価されている。

日光は古くから山岳信仰の聖地として知られ、8世紀には勝道上人《しょうどうしょうにん》が四本龍《しほんりゅう》寺《じ》を創建し、二荒山神社や輪王寺の起源となった。

江戸時代に入るとこの地に徳川家康を祀る日光東照宮が創建される。1636（寛永13）年には3代家光が大規模な造替《ぞうたい》を実施。江戸時代初期の美術工芸の粋を集め、現在見られるような豪華絢爛な建造物群へと変貌を遂げた。日光東照宮を代表する陽明門を見上げれば、龍や獅子などの霊獣をはじめ数々の彫刻で埋め尽くされた圧倒的な存在感に言葉を失うほどだ。

Data

見どころ ①500体を超える緻密な彫刻が施された陽明門（2017年春まで平成の大修理の予定）。②春と秋の年2回実施される日光東照宮の大祭。神事の流鏑馬や百物揃千人武者行列が見どころ。③男体山を望む中禅寺湖は山岳信仰の聖地であった場所。明治以降は避暑地としての歴史をもつ。 アクセス 日光東照宮へは、JR日光駅、東武日光駅から東武バス中禅寺湖方面行きで西参道バス停下車、徒歩約10分。またはJR・東武日光駅から東武バス「世界遺産めぐり」で表参道バス停下車、徒歩約3分。

公式サイト http://www.sekaiisan-nikko.jp/（世界遺産日光の社寺）

いつまで見ていても飽きないことから「日暮の門」とも呼ばれる陽明門。国宝。

神厩舎に施された猿の彫刻のうち、最も有名な「見ざる・言わざる・聞かざる」の三猿。重要文化財。

左甚五郎作と伝わる「眠り猫」。裏には雀の彫刻があることから平和の象徴と考えられている。国宝。

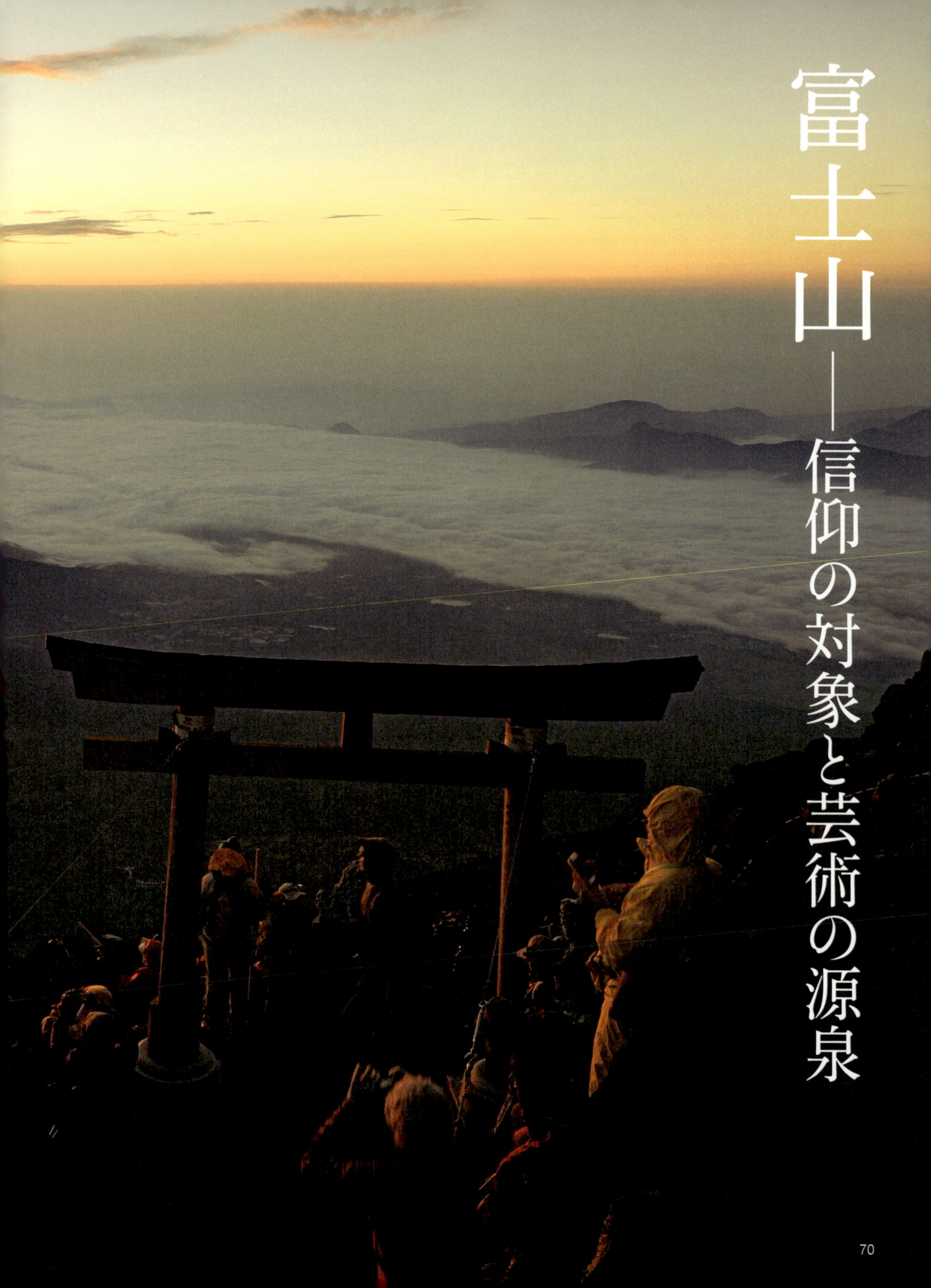

富士山——信仰の対象と芸術の源泉

富士山頂で御来光を拝む登山者たち。山中湖の上に太陽が昇った瞬間、辺りは神々しい雰囲気に包まれた。

富士山——信仰の対象と芸術の源泉

富士山の最高地点・剣ヶ峰から山頂を一周するお鉢巡りの登山者を眺める。

(写真左)須走口登山道の本八合目から太陽が作る影富士を眺める。鳥居が信仰の場所であることを物語っている。
(写真右)865(貞観7)年創建の河口浅間神社には、御神木や参道の杉並木など巨木が立ち並ぶ。

遥拝から登拝へ信仰の対象としての富士

日本人の心の拠りどころとして古くから親しまれてきた富士山。2013年、世界文化遺産として登録され、登山道を含む富士山域や神社、湖沼など25の構成資産が認められた。

日本一の高さを誇り、秀麗な山容をもつ独立峰。一方で火山活動を繰り返す富士山を、人々は憧憬と畏敬の念を抱いて眺めていたことであろう。信仰は遠くから仰ぎ見て拝む「遥拝《ようはい》」という形で始まった。9世紀前半には富士山の神霊である浅間大神《あさまのおおかみ》を祀ったとされ、これが現在の富士山本宮浅間大社となっている。

12世紀頃には噴火活動が鎮まったことから、富士山を山岳修行の場として修験《しゅげん》者《じゃ》たちが山頂を目指す「登《と》拝《はい》」へと信仰形態が移る。登山道も整備され、庶民へと登拝の文化が広がっていったのだった。

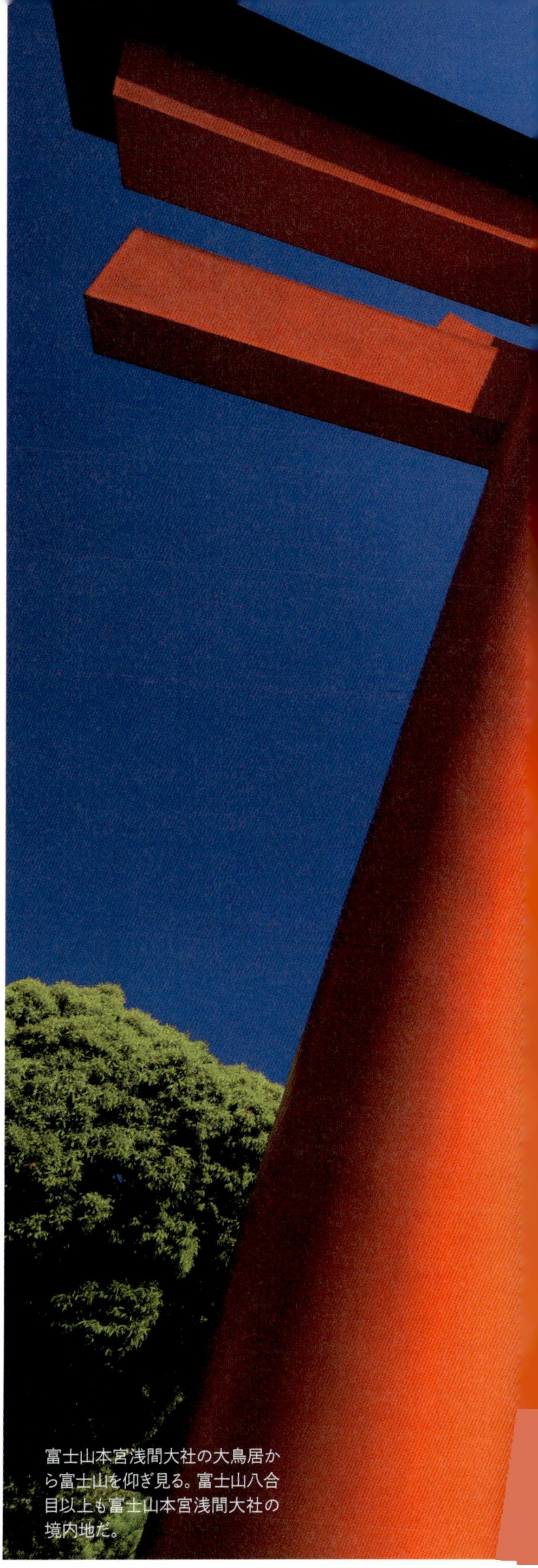

富士山本宮浅間大社の大鳥居から富士山を仰ぎ見る。富士山八合目以上も富士山本宮浅間大社の境内地だ。

富士山――信仰の対象と芸術の源泉

富士山の伏流水が湧く忍野八海の濁池。かつて忍野八海は富士講信者の巡礼地であった。

現代にも受け継がれる江戸時代の富士講の精神

江戸時代には、富士山に登拝するとご利益が得られるとする「富士講」が盛んになる。麓の俗界と山頂の神の世界を往復することで、穢《けが》れや罪を払えると信じられていたのだ。富士講の開祖、長谷川角行《かくぎょう》が修行の拠点とした聖地・人穴《ひとあな》富士講遺跡をはじめ、白糸ノ滝、富士五湖、忍野八海などの巡礼が人気を博したという。

また、構成資産に含まれる御師《おし》住宅は富士講に関連する施設だ。御師は富士講の布教活動を行い、登拝に訪れた信者に対して宿泊や食事の世話をし、祈祷を行う役割を果たしていた。

現在も富士登山に訪れる人は絶えない。信仰を意識したものではないだろうが、多くの人々は御来光を拝むと、心が浄化されたように感じる。富士山に抱く日本人に共通する精神が受け継がれているに違いない。

1768(明和5)年建築の旧外川家住宅は御師住宅のひとつ。屋敷内には富士山信仰に関連する品が残る。

(写真右)富士講信者が登拝に際し、人間の胎内に見立てた溶岩樹型を訪れ、身を清めた。
(写真左)浅間大神の化身であり、富士山の祭神である木花開耶姫(このはなのさくやびめ)が祀られる船津胎内樹型(ふなつたいないじゅけい)。

富士山——信仰の対象と芸術の源泉

高ボッチ高原（長野県塩尻市）から遠望する富士山。眼下に諏訪湖を収め、右手には南アルプスが連なる。

富士山頂に沈みゆく太陽がかかるダイヤモンド富士の瞬間を山中湖畔から眺める。

御浜岬（静岡県沼津市）から駿河湾越しに眺める富士山。葛飾北斎の浮世絵のように砕ける波を捉えた。

端正な富士の姿から多彩な芸術作品が誕生

裾野を緩やかに四方へと広げ、均整の取れた円錐形をした富士山。雪の白さが際立つ冬の富士や赤富士、湖に映った逆さ富士などとさまざまに趣《おもむき》を変える、雄大かつ美しい姿で多くの人々を魅了してきた。

富士山からインスピレーションを得た芸術家たちも多く、富士山を描いた詩歌や小説、絵画など数多くの作品を生み出した。例えば8世紀に編纂された日本最古の歌集『万葉集』や『新古今和歌集』のなかの和歌などの古典から、夏目漱石や太宰治など近代の作家の小説に至るまで枚挙にいとまがない。絵画でよく知られているのは、葛飾北斎の『冨嶽《ふがく》三十六景』や歌川広重の『東海道五拾三次』などの江戸時代の浮世絵だろう。富士山は芸術の題材としても多くの日本人の心を捉えてきたのだ。

富士山——信仰の対象と芸術の源泉

田貫湖（たぬきこ）の水面に浮かぶのは、月光が映し出した富士山。田貫湖は富士山の西麓・朝霧高原の一角に位置する。

Data

見どころ ①桜や新緑、ラベンダーなど四季折々に彩られる河口湖畔からの富士山。②千円札や旧五千円札紙幣のデザインのモデルになった本栖湖の逆さ富士。③歌川広重『富士三十六景』にも描かれた、白砂青松の景勝地・三保松原。

アクセス 河口湖方面へは、JR大月駅から富士急行線で河口湖駅下車。　**公式サイト** http://www.fujisan-3776.jp/（富士山世界文化遺産協議会）

白川郷・五箇山の合掌造り集落

城山展望台から眺める雪に包まれた荻町集落。

夜になると三角形の屋根裏の窓から明かりがもれ、素朴な風景に心がなごむ。

豪雪地帯で生まれた合掌造り家屋

飛騨山地に源を発し、日本海へと流れる庄川《しょうがわ》の流域は、日本有数の豪雪地帯。かつて冬になれば交通が遮断された山間《やまあい》の集落では、急勾配の屋根に雪を積んだ家屋が寄り添うように立ち並び、この地方独特の暮らしや文化が育まれてきた。

昭和初期に日本を訪れたドイツの建築家ブルーノ・タウトが「極めて合理的で論理的な建築」と称賛した切妻合掌造り家屋の独自の構造と、山懐に抱かれた農村景観が評価され、1995年、白川郷（岐阜県）の荻町集落と五箇山《ごかやま》（富山県）の相倉《あいのくら》、菅沼《すがぬま》集落が世界文化遺産に登録された。

60度近くもある急勾配の茅葺き屋根は、積もった雪が滑り落ちやすいだけでなく、多層になった屋根裏の空間を利用し、収入源となった養蚕などが盛んに行われた。

深い雪に包まれる白川郷の荻町集落。厳しい自然環境のなかで独自の暮らしや文化が育まれた。

白川郷・五箇山の合掌造り集落

ノスタルジーを感じる合掌造りのある風景

世界遺産リストに記載されたなかで最大規模を誇る白川郷の荻町集落には、59棟の合掌造り家屋が残る。重要文化財に指定される和田家のように内部を公開している家屋もあるので、囲炉裏を配した板の間や座敷、蚕室として利用された屋根裏などを見学してみたい。

北の高台に位置する荻町城跡の展望台からは白山《はくさん》連峰を遠望し、眼下には緑の山々に囲まれた集落を収める。三角形をした家屋が集まる里山は、日本の原風景を思わせるようで、なぜだか懐かしさが胸にこみあげてくる。

合掌造り家屋が23棟ある相倉集落や9棟しかない菅沼集落は、荻町集落より素朴な山村の雰囲気を味わえる場所。のどかな農村風景に身を置くと、まるでタイムスリップしたかのような気分に浸ることができる。

（写真上）五箇山の相倉集落にある民宿「勇助」。囲炉裏のある合掌造り民家に宿泊できる。（写真下）蚕室として利用された合掌造り民家の屋根裏。釘などの金属は使われず、柱や梁は縄で固定されている。

山林で囲まれた河岸段丘に位置する五箇山の相倉集落。合掌造り家屋の多くは江戸時代末期から明治時代にかけて建てられた。

Data

見どころ ①展望台から眺める白川郷の荻町集落の景観。②雪の季節にライトアップされる合掌造り集落。幻想的な世界を満喫できる。③五穀豊穣などを祈願し、秋に開催される白川郷のどぶろく祭。 アクセス 白川郷へは、JR高山駅前から濃飛バス白川郷・金沢線、あるいは白川郷・富山線で白川郷バス停下車。五箇山へは、JR高岡駅前から加越能バス「世界遺産バス」で相倉口、あるいは菅沼バス停下車。公式サイト http://www.shirakawa-go.gr.jp/（世界遺産ひだ白川郷）、http://www.gokayama-info.jp/（世界遺産五箇山）

賀茂別雷神社（上賀茂神社）

古都京都の文化財

平安遷都以来、千年以上にわたり都として栄えた京都。

各時代に誕生した文化は、幾多の戦乱や天災を乗り越えて多層的に受け継がれてきた。

１９９４年、国宝や特別名勝に指定される建造物や庭園など17の資産が世界文化遺産として登録され、古都の長い歴史を物語っている。

上賀茂神社の細殿（ほそどの）の前に置かれた立砂（たてずな）。神が降臨する依代（よりしろ）を表すもので、円錐形の頂点には松葉が立てられる。

古都京都の文化財

賀茂別雷神社（上賀茂神社）

神の降りる白い盛り砂に神秘を感じる古社

広大な敷地をもつ上賀茂神社。一ノ鳥居から二ノ鳥居へは競馬《くらべうま》の神事が例年催される開放的な芝生が広がる。真っ直ぐに延びる参道から二ノ鳥居をくぐると、檜皮葺《ひわだぶき》の細殿《ほそどの》と円錐形に砂を盛った立砂《たてずな》が目に留まる。見慣れない立砂は、神代の昔、神が降臨したという御神体・神山《こうやま》を模したものだ。

上賀茂神社は、正式には賀《か》茂《も》別《わけ》雷《いかづち》神社という。賀茂氏の氏神を祀る古社で、賀茂別雷神を祭神とする。

（写真上）本殿の欄干に施された精緻な模様の金細工。本殿は1863（文久3）年に造替されたもので、国宝に指定。
（写真下）境内には西から御手洗川（みたらしがわ）、東から御物忌川と2つの川が流れる。途中で合流すると、ならの小川と呼ばれる。

1628（寛永5）年に造替された朱塗りの楼門。手前には御物忌川（おものいがわ）が流れ、反り橋の玉橋が架かる。

賀茂氏の姫・玉依比売命《たまよりひめのみこと》が川で禊《みそぎ》をしている際、流れてきた丹《に》塗《ぬ》りの矢に感応して授かったのが賀茂別雷神だという伝承が残っている。現在の地に社殿の基が建てられたのは678（天武天皇7）年と伝わる。平安時代以降は皇城鎮護の神社として朝廷の崇敬を集めた。国宝の本殿や権殿《ごんでん》をはじめ、重要文化財の社殿が多数立ち並び、平安時代の様式を伝える。

Data
見どころ ①細殿前に置かれた大きな立砂。②境内に点在する賀茂桜や御所桜、みあれ桜など桜の名木。③境内を出た東側に位置する社家町。社家は神官を世襲する家柄のことで、上賀茂神社の社家の家並みがあり、重要伝統的建造物群保存地区。 アクセス JR京都駅烏丸中央口から市バス9系統西賀茂車庫行きで上賀茂御薗橋バス停下車、徒歩約5分。 公式サイト http://www.kamigamojinja.jp/（上賀茂神社）

古都京都の文化財

賀茂御祖神社（下鴨神社）

（写真上）境内を流れる御手洗川（みたらしがわ）に架かる輪橋（そりはし）。御手洗川は舞殿（まいどの）の東北に位置する井上社の下から湧き出る。
（写真右）本殿の朱塗りの階段に映える飾り金具。2015年4月には、21年に一度の式年遷宮にあたり修繕を終えた。

正面側の屋根を長く伸ばした流造の本殿。桧皮葺の屋根が重厚な佇まいを見せる。本殿の撮影は通常許可されていない。

古式ゆかしい社殿が平安時代の風情を伝える

　京都市街のほぼ中央を北から南へと流れる賀茂川。高野川《たかのがわ》と合流すると鴨川と名を変えるが、この2つの川に挟まれた地に下鴨神社の神域が広がる。正式名称は賀茂《かも》御祖《みおや》神社。上賀茂神社を上社、下鴨神社を下社と呼び、合わせて賀茂社とされる。

　上賀茂神社の祭神・賀茂《かも》別雷命《わけいかづちのみこと》の母である玉依《たまより》媛命《ひめのみこと》を東本殿に、母方の祖父、賀茂《かも》建角身命《たけつぬみのみこと》を西本殿に祀る。平安京造営の際に上賀茂神社とともに国家鎮護の神社として朝廷の崇敬の対象となった。

　現在の東西の本殿は、1863（文久3）年に孝明天皇の賀茂行幸《ぎょうこう》に合わせて造替《ぞうたい》されたもので、国宝。上賀茂神社の本殿と同様に桧皮葺《ひわだぶき》、三間社流造《さんげんしゃながれづくり》の古い様式を伝える。境内にはほかに重要文化財に指定された31棟の建物が立ち並ぶ。

1628（寛永5）年に建て替えられた丹塗りの楼門は重要文化財。

古都京都の文化財
賀茂御祖神社（下鴨神社）

歴史ある社殿を抱く清々しい糺の森

下鴨神社の参道を包みこむように糺《ただす》の森が広がる。瀬見の小川や泉川が流れる約12万㎡の広大な敷地は、ムクノキやケヤキ、エノキなどの落葉樹林の植生が中心となる。古代山城の原生林の面影を伝える森を歩くと、心身ともに清められるような心地がしてくる。

現在も流鏑馬《やぶさめ》神事や夏越《なごしの》神事など数々の神事が執り行われているが、なかでも京都三大祭のひとつ、葵祭が最もよく知られているだろう。賀茂祭ともいい、5月15日に行われる下鴨神社と上賀茂神社の祭礼である。勅使《ちょくし》や検非違使《けびいし》、牛車《ぎっしゃ》、風流傘《ふりゅうがさ》、斎王代《さいおうだい》など総勢500もの人々が平安貴族の装束に身を包み、京都御所から下鴨神社を経て、上賀茂神社へと向かう。都大路を進む風雅な行列は路頭の儀と呼ばれ、華やかな王朝絵巻を彷彿とさせる。

Data

見どころ ①5月15日に催される葵祭。古式ゆかしい平安貴族の行列が見どころ。②早春に咲く輪橋そばの光琳の梅。江戸時代の画家・尾形光琳が『紅白梅図屏風』に描いたという。③全域が史跡に指定される糺の森。野鳥のさえずりや小川のせせらぎが心地よい。 **アクセス** JR京都駅から市バス4または205系統で下鴨神社前バス停下車、徒歩約5分。 **公式サイト** http://www.shimogamo-jinja.or.jp/（下鴨神社）

『源氏物語』や『枕草子』にも
登場する糺の森。東京ドーム
約3個分の広さがある。

古都京都の文化財

教王護国寺（東寺）

京の町を見守り続ける真言密教の名刹

京都駅の西南にそびえる五重塔。高さ約55mと日本一を誇る古塔が平安の昔からこの町を見守ってきた。

五重塔のある東寺は、8世紀末の平安遷都とともに国家鎮護のため、羅城門《らじょうもん》の東西に創建された官寺《かんじ》のひとつ。正式には教王護国寺《きょうおうごこくじ》という。

823（弘仁14）年、嵯峨天皇より唐から帰国した弘法大師空海に下賜され、東寺は真言密教寺院としての歴史を歩み出す。

空海は密教の教えを説くため、講堂に自ら立体曼荼羅を構想。力強い造形の五智如来、五大菩薩、五大明王など21体の仏像群が居並ぶ空間は、見る者を圧倒するほどのスケールだ。

境内には南から北へと金堂、講堂、食堂《じきどう》の大伽藍が一直線に並ぶ。建物はいずれも再建されたものだが、配置は変わることなく平安時代の荘厳な雰囲気を今に伝えている。

Data

見どころ ①春の不二桜、夏の百日紅（さるすべり）や蓮、秋の紅葉と季節の花木に彩られる五重塔。②毎朝6時に御影堂（みえどう）で営まれる生身供（しょうじんく）。大師が生きていた当時のままに一の膳、二の膳、お茶が供えられる。③毎月21日に開催される弘法市。骨董などを中心に数多くの露店が境内に並び、多くの参拝客で賑わう。 **アクセス** 近鉄東寺駅から徒歩約10分。 **公式サイト** http://www.toji.or.jp/（東寺）

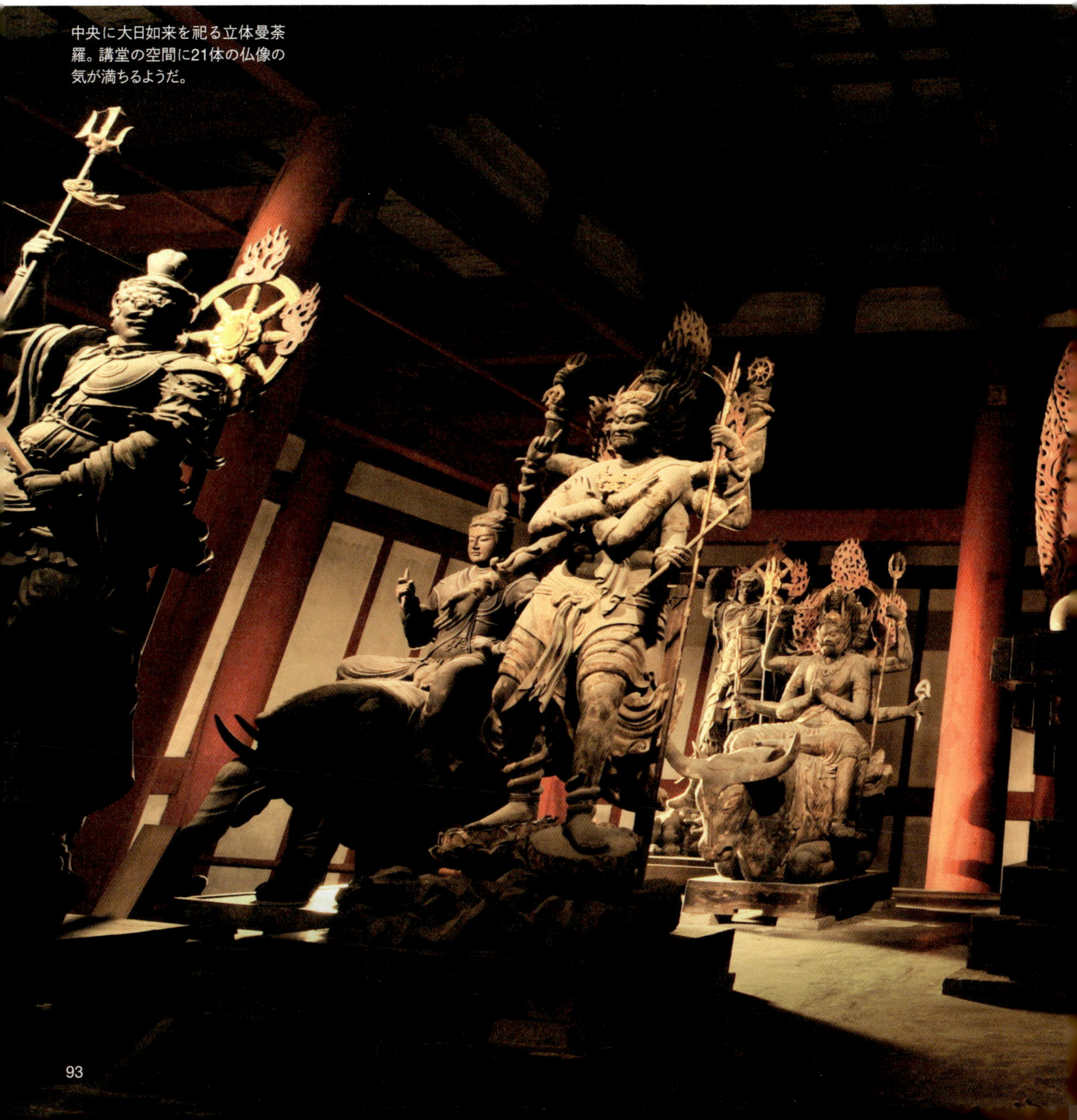

中央に大日如来を祀る立体曼荼羅。講堂の空間に21体の仏像の気が満ちるようだ。

古都京都の文化財

清水寺

観音さまの教えを継ぐ空中に浮かぶ大舞台

音羽山《おとわやま》（清水山）の中腹、錦雲渓《きんうんけい》に張り出した「清水の舞台」が有名な古寺。春の桜や、秋の紅葉に包まれた姿も印象的で、ここから京都市街を一望できる。舞台を支えるのは懸造《かけづく》りという工法で、釘を使わず欅《けやき》の柱を縦横に組み合わせたもの。格子状の柱組みが堅牢であり、美しい。

清水寺は、778（宝亀9）年、延鎮上人《えんちんしょうにん》により開創され、後に坂上田村麻呂《さかのうえのたむらまろ》が仏殿を寄進。観音霊場として古くから人々の篤《あつ》い信仰を集めており、幾度焼失してもその都度、古様式で再建されてきた。本堂をはじめ、国宝や重要文化財の伽藍が数多く立ち並ぶ。

境内には寺名の由来となった音羽の瀧が流れ落ちる。健康、学問、縁結びにご利益があるといわれる3本の清水に、今も多くの参拝客が列を作っている。

Data

見どころ ①清水の舞台を支える懸造りの柱組み。②「黄金水」「延命水」と呼ばれる音羽の瀧。3筋に流れ落ちる清水を柄杓に汲もうと行列が絶えない。③期間限定で公開される名勝・成就院庭園。「月の庭」とも呼ばれる借景式・池泉観賞式の庭園を、座ってゆっくりと観賞したい。 **アクセス** JR京都駅から市バス206または100系統で五条坂、または清水道バス停下車、徒歩約10分。 **公式サイト** http://www.kiyomizudera.or.jp/（清水寺）

音羽の瀧の真上に建つ奥の院から
眺める清水の舞台。檜皮葺(ひわだぶき)の屋根をもつ本堂が優美だ(現在、奥の院は修繕中。2016年秋に完成予定)。

古都京都の文化財

延暦寺

最澄廟がある浄土院。854(仁寿4)年、弟子の慈覚大師が最澄の遺骸をここに安置したと伝わる。

古都京都の文化財

延暦寺

不滅の法灯を守る日本仏教の一大聖地

京都市と滋賀県大津市にまたがる比叡山。この山上一帯を寺域とするのが天台宗総本山の延暦寺である。東塔《とうどう》、西塔《さいとう》、横川《よかわ》の3地域に分かれ、約150の堂塔が点在している。

その起源は788（延暦7）年、最澄が開創した一《いち》乗《じょう》止《し》観院《かんいん》にある。天台密教の道場として数多くの修行僧が学び、法然、親鸞、日蓮、栄西、道元などの高僧を輩出したことから日本仏教の母山と仰がれる。一乗止観院の跡には比叡山の総本堂となる根本中堂《こんぽんちゅうどう》が立つが、戦国時代、織田信長に攻められ、瑠璃堂《るりどう》を除く堂塔を焼失。現在の根本中堂は1642（寛永19）年、徳川家光により再建されたものだ。この巨大な伽藍では、開創以来約1200年間守り継がれてきた「不滅の法灯」が灯り、穏やかな光を放っている。

(写真上)東塔にある根本中堂(国宝)は、延暦寺の総本堂。2016年度から約10年にわたり大改修を実施(参拝は可能)。
(写真下)廊下によってつながった常行堂と法華堂。弁慶が廊下を天秤棒にして担いだという言い伝えから「にない堂」と呼ばれる。

根本中堂の内陣では、創建以来約1200年間「不滅の法灯」を灯し続ける。

室町末期の建築様式を伝える瑠璃堂は、唯一信長の焼討を免れた建物。西塔の釈迦堂から徒歩で10分ほど離れた場所に苔むした姿で立っている。

Data

見どころ ①山全体が寺域の延暦寺。東塔、西塔、横川の3地域を巡るにはシャトルバス利用が便利(冬期は運休)。②東塔にある国宝殿には仏像や仏画などの寺宝が展示される。③横川の元三大師堂は、おみくじ発祥の地。修行を重ねた僧侶が引いてくれるおみくじを体験できる。 **アクセス** 東塔地域へは、JR比叡山坂本駅から江若バスで約7分、ケーブル坂本駅バス停下車。坂本ケーブルに乗り換え、ケーブル延暦寺駅下車、徒歩約8分。 **公式サイト** http://www.hieizan.or.jp/ (延暦寺)

古都京都の文化財

醍醐寺

桜を好んだ太閤秀吉が花見の宴を催した大伽藍

豊臣秀吉が行った「醍醐の花見」で知られる醍醐寺。1598（慶長3）年、境内に700本の桜を植え、庭園を造営し、約1300もの人々が参加し、盛大な宴が催されたという。

醍醐山全体を寺域とする醍醐寺は874（貞観16）年、山上に観音像を祀ったことにより創建。山上の伽藍・上醍醐が完成すると、下醍醐と呼ばれる西麓の平地の整備が進められた。応仁の乱でほとんどの建物が焼失したが、唯一残ったのが、京都府下最古の木造建築である五重塔である。

復興には秀吉が尽力し、境内の伽藍は再建が進められた。なかでも三宝院《さんぼういん》の庭園は秀吉自らが池の形や中島の場所、石の配置などの設計を指示。安土桃山時代を代表する日本庭園で、池泉回遊式の華やかな雰囲気が漂う。

Data

見どころ ①枝垂桜や染井吉野、八重桜など多彩な桜が咲き誇る春の境内。「醍醐の花見」にちなみ、毎年4月の第2日曜に「豊太閤花見行列」も開催される。②桃山時代を代表する建造物・三宝院の表書院(国宝)。寝殿造りの様式で、庭園全体が見渡せる。③国宝や重要文化財の堂宇が点在する醍醐寺開創の地、上醍醐。下醍醐から約1時間の山歩きでたどりつく。

アクセス 京都市営地下鉄東西線醍醐駅から徒歩約15分。

公式サイト https://www.daigoji.or.jp/（醍醐寺）

951（天暦5）年完成の下醍醐にある五重塔（国宝）。醍醐天皇の冥福を祈るために建立された。

古都京都の文化財 仁和寺

御所の遺構を仏堂とした皇室とゆかりの深い名刹

大内山《おおうちやま》の裾野に抱かれた仁和寺《にんなじ》。境内には、国宝の金堂、重要文化財の二王門や御影堂《みえどう》などの建築群が立ち並び、春には遅咲きの御《お》室桜《むろざくら》の名所としても名高い。

仁和寺は、888（仁和4）年に宇多天皇により建立。天皇の出家後の住まいとなったことから御室御所と称された。代々の住職を皇室出身者が務める格式高い門跡《もんぜき》寺院として栄えたが、応仁の乱により全伽藍を焼失。江戸時代に入ると、幕府の力添えもあり、当時の御所から紫宸殿《ししんでん》と常御殿《つねのごてん》、清涼殿《せいりょうでん》などの建造物が下賜され、再興された。移築した建物を仏殿に改修したおかげで御所の趣を保った風格ある佇まいを見せている。

大正期に再建された宸殿は桃山様式を取り入れた書院造。池泉式の北庭《ほくてい》と白川砂を敷き詰めた南庭《なんてい》が御室御所の面影を感じさせる。

Data

見どころ ①名勝に指定された御室桜の咲く春。遅咲きで、背丈の低いのが特徴の桜。②春と秋のみ一般公開される霊宝館。仏像、彫刻、絵画など数多くの文化財が収蔵されている。③仁和寺の裏山に設置された御室八十八ヶ所霊場。札所を巡りながら自然とふれあえる約2時間のコースで、「八十八ヶ所ウォーク」というイベントも開催される。 **アクセス** JR京都駅から市バス26系統で御室仁和寺バス停下車すぐ。 **公式サイト** http://www.ninnaji.or.jp/（仁和寺）

池泉式の北庭から五重塔と茶室・飛濤亭（ともに重要文化財）を望む。

京都御所の紫宸殿を寛永年間（1624〜43年）に移築して造られた金堂（国宝）。

重要文化財に指定される二王門。仁和寺の正面に立つ、高さ18.7mという巨大な門。

古都京都の文化財
宇治上神社

拝殿とともに国宝に指定される本殿。菟道稚郎子の離宮の地に建てられたとされる。

奥から菟道稚郎子、応神天皇、仁徳天皇を祀る内殿3棟。

宇治の森を背景にした 現存最古の神社建築

宇治川を挟んで平等院の対岸に位置する宇治上神社。その創建は古く、平安時代中期に編纂された『延喜式《えんぎしき》』にもその名が記載される。もともと隣接する下社、宇治神社と一体として宇治離宮明神と呼ばれており、平等院建立後は、その鎮守社となったといわれる。

菟道稚郎子《うじのわきいらつこ》、応神天皇、仁徳天皇を祀る宇治上神社の本殿は、平安時代後期に建てられたものとされ、現存する日本最古の神社建築。一見すると1棟の建物のように見えるが、流造《ながれづくり》の覆屋《おおいや》の中に一間社《いっけんしゃ》流造の内殿3棟が並んでいる。鎌倉時代初期の拝殿は寝殿造の貴重な遺構で、こちらも拝殿として現存最古だ。

『源氏物語』宇治十帖の舞台としても知られる宇治。その静かな緑の森に囲まれて立つ雅な建物は、物語の世界を想い起こさせる。

Data

見どころ ①宇治川のほとりから神社を経て、源氏物語ミュージアムへと至る“さわらびの道”。緑豊かな自然の中を散策できる。②境内に湧く桐原水。「宇治七名水」のひとつに数えられる。 **アクセス** 京阪宇治線宇治駅から徒歩約10分。
公式サイト http://www.pref.kyoto.jp/isan/ujigami.html（京都府）

古都京都の文化財
西芳寺（苔寺）

国特別名勝に指定される庭は約120種の苔で覆われる。下段の庭は、黄金池を中心とした池泉回遊式。

石畳の参道も苔が覆う西芳寺。拝観するには、事前に申し込み、写経などの宗教行事に参加する（庭園だけの拝観は不可）。

美しい緑の苔が覆った夢窓疎石の庭園

境内を覆い尽くす緑色の苔が美しく、苔寺の通称で知られる西芳寺。奈良時代、行基《ぎょうき》による開山と伝わり、室町時代に作庭家としても優れた高僧・夢窓疎石《むそうそせき》が臨済宗寺院として再興した。

庭園は上下二段となった構成が特徴。下段は黄金池《おうごんち》を中心とした池泉回遊式庭園で、池の周りを巡るように小道が続く。庭一面を覆う苔と木々が調和した景色を楽しみながら散策したい。向上関《こうじょうかん》をくぐると上段の枯《かれ》山水《さんすい》庭園に至る。山腹に広がる須弥山《しゅみせん》石組や枯滝《かれたき》石組など豪快な石組が今も残る。

海外にも「モス・ガーデン」として知られる西芳寺だが、作庭時に苔はなく、江戸時代末期から自然に生えたという。夢窓疎石が禅の心を表現した庭と、時の流れが育んだ苔の美しさが相《あい》俟《ま》って、国内外問わず多くの人々を惹きつけるようだ。

Data

見どころ ①秋には、紅葉と苔の緑とのコントラストが楽しめる。②枯山水の一角に立つ指東庵（開山堂）。もともと座禅堂で、足利義満も座禅を組んだと伝わる。 **アクセス** JR京都駅から京都バス苔寺・すず虫寺行きで終点下車すぐ。

上段には日本最古の枯山水の庭が広がる。豪快な石組もうっすらと苔むす。

古都京都の文化財

天龍寺

禅の精神を説く中世を代表する庭園

大堰川《おおいがわ》を隔てた嵐山や庭園西の亀山を借景とした雄大な曹源池《そうげんち》庭園が広がる天龍寺。1339（暦応2）年、足利尊氏《あしかがたかうじ》により後醍醐天皇の菩提《ぼだい》を弔うため、夢《む》窓疎石《そうそせき》を開山として創建された。度重なる火災や兵火のため、法堂《はっとう》や大方丈、庫《く》裏《り》などの主要な建物は明治時代に再建されたものだが、夢窓疎石が手掛けた庭園が創建当時の面影を留める。

史跡・特別名勝に指定されている曹源池庭園は、晩年を迎えた夢窓疎石が集大成として取り組んだもの。なかでも大方丈正面の対岸にある石組が見どころ。「龍門《りゅうもん》の滝」と呼ばれるもので、巨大な石を組んで、鯉が滝をのぼり、龍となる中国の登龍門の故事になぞらえている。これは禅僧が悟りを得ようと求道する姿を暗示し、のちの枯山水《かれさんすい》庭園に大きな影響を与えた。

Data

見どころ ①法堂天井に日本画家・加山又造が描いた『雲龍図』。土・日曜、祝日や春・秋の特別参拝期間に公開される。②庫裏の玄関に置かれる大衝立の達磨図。③嵐山を借景として山桜、枝垂桜、染井吉野などが咲く春。多宝殿の周囲に桜が多い。 **アクセス** 京福電鉄嵐山線嵐山駅下車すぐ。JR嵯峨野線嵯峨嵐山駅下車、徒歩約13分。 **公式サイト** http://www.tenryuji.com/ （天龍寺）

大方丈から眺めた曹源池。正面奥に龍門瀑の石組が見える。

（写真右）池泉回遊式の曹源池庭園を巡り、天龍寺最大の建物、大方丈を望む。
（写真左）1899（明治32）年建立の庫裏。白壁の装飾が印象的な天龍寺を象徴する建物。

古都京都の文化財
慈照寺（銀閣寺）

将軍義政の美意識が国宝建造物に息づく

銀閣寺は不思議な空間だ。門をくぐると高さ4m以上ある生け垣が続く。周囲が見えないため外界と切り離されて、まるで別世界へと誘われるよう。さらに方丈前に広がる幾何学模様の銀《ぎん》沙灘と白砂を盛った向月台《こうげつだい》は、現代アートといっても通じるようなモダンな造形美が特徴で、これらは江戸時代の作だという。

正式名称を慈照寺《じしょうじ》という銀閣寺は、室町幕府8代

銀閣寺は相国寺(しょうこくじ)の塔頭(たっちゅう)寺院のひとつ。特別名勝・特別史跡の庭園には、銀沙灘(手前)、向月台(奥)と印象的な2つの砂盛りがある。

将軍足利義政が築いた山荘、東山殿《ひがしやまどの》を起源とする。風流を好んだ義政のもと、茶の湯や華道、能などに代表される東山文化が花開いたが、その道を極めんと着手したのが、山荘造営であった。宝形造《ほうぎょうづくり》柿葺《こけらぶき》の二層からなる楼閣・銀閣と、造営当時の遺構として残る東求《とうぐ》堂《どう》が国宝。侘びた佇まいが500年の時を越えて語りかけてくるようだ。

Data

見どころ ①春と秋に特別拝観できる国宝・東求堂。なかでも日本最古といわれる四畳半書院「同仁斎(どうじんさい)」に注目。②境内の森林の中に続く山道を上った先にある絶景スポット。銀沙灘や向月台のある境内をはじめ、京都の町並みを一望できる。③足を延ばして散策したい「哲学の道」。銀閣寺門前から南へと琵琶湖疏水べりに続く道で、桜やホタルの名所として知られる。　アクセス JR京都駅から市バス17、または5系統で銀閣寺道バス停下車、徒歩約8分。　公式サイト http://www.shokoku-ji.jp/ (臨済宗相国寺派)

古都京都の文化財

龍安寺

1975（昭和50）年には、英国のエリザベス女王が訪れ、称賛したという枯山水の石庭。

（写真上）初夏には睡蓮が浮かぶ鏡容池。江戸時代にはオシドリの名所として、石庭より有名であった。
（写真右）方丈北側に置かれた蹲踞（つくばい）。中央の「口」を共用して「吾唯足知」（われただたることをしる）と読み、釈迦が説いた知足の心を表す。

謎を秘めた石庭の寺で心静かに石と向き合う

白砂と石で山水を表現する枯山水《かれさんすい》の庭。それを代表するのが、龍安寺の石庭だ。油土塀《あぶらどべい》に囲まれた、わずか75坪の白砂の空間に大小15個の石が置かれる。あまりに抽象的であるがゆえ謎が深まる。中国の説話に基づくという説や、大海に浮かぶ島々、夜空に輝く星座に見立てるという説もある。方丈に座り、ひととき想像を巡らせてみるのも楽しい。

寺の創建は１４５０（宝徳2）年、細川勝元による。公家である徳大寺家の別荘を譲り受けて禅寺とした。応仁の乱で焼失後、勝元の子・政元によって再興され、石庭はこの時に造られたと伝わる。寺にはかつて貴族たちが池に船を浮かべて管弦を楽しんだという、もうひとつの庭がある。鏡容池《きょうようち》を中心に梅や桜、睡蓮、紅葉など四季折々の花木に彩られる広大な庭も散策したい。

Data

見どころ ①方丈襖絵は、南画家・皐月鶴翁（さつきかくおう）が1953（昭和28）年から5年がかりで描いた龍と北朝鮮の金剛山。②3月上旬～4月上旬に開花する侘助椿（わびすけつばき）。多くの茶人に愛された花と知られ、豊臣秀吉も称賛したという。　**アクセス** JR京都駅から市バス50系統で立命館大学前バス停下車、徒歩約7分。　**公式サイト** http://www.ryoanji.jp/（龍安寺）

滴翠園（てきすいえん）の池の畔に立つ三層からなる飛雲閣。秀吉が建てた聚楽第（じゅらくだい）の一部ともいわれる。

古都京都の文化財 本願寺（西本願寺）

桃山文化を今に伝える華やかな国宝建造物

親鸞聖人を宗祖とする浄土真宗本願寺派の本山、西本願寺。1272（文永9）年、親鸞聖人の末娘・覚信尼《かくしんに》と弟子たちが、宗祖の影像と遺骨を安置しようと京都東山に建てた大谷廟堂を起源とする。16世紀に入ると京都山科《やましな》や大坂石山など転々とするが、1591（天正19）年、豊臣秀吉の寺地寄進を受けて現在の地、七条堀川へ寺基を移した。

境内には極彩色の彫刻を施した唐門《からもん》や、金閣、銀閣とともに京都三名閣のひとつに数えられる飛雲閣《ひうんかく》、狩野派の華麗な障壁画が描かれた白書院など、桃山文化を代表する建造物や庭園が数多く残されている。また木造建造物としては世界最大級という御影堂《ごえいどう》や、本堂である阿弥陀堂の巨大な伽藍も圧巻。国宝指定の建造物が7件あることからも歴史や伝統が伝わってくる。

Data

見どころ ①東西48m、南北62m、高さ29 mの御影堂。多数の門徒を収容できる441畳もの広さを有する外陣と、金箔や彫刻欄間、障壁画などで飾られた豪華な内陣が見事。

アクセス JR京都駅から市バス9、または28、75系統で西本願寺前バス停下車すぐ。 **公式サイト** http://www.hongwanji.or.jp（本願寺〈西本願寺〉）

(写真右)二の丸御殿の正門である唐門(重要文化財)。前後に唐破風(からはふ)を付けた四脚門で、雲龍や竹虎などの彫刻が施される。(平成10年8月撮影。平成25年8月修復工事完了前)
(写真左)内濠に残る天守台の石垣。かつて5層の天守閣、本丸御殿があった。

古都京都の文化財

二条城

徳川幕府の盛衰を物語る17世紀初頭の名城

京都市街中心部に位置する二条城。二の丸御殿大広間は、幕末、15代将軍徳川慶喜《よしのぶ》が大政奉還を発表した場所として知られる。

二条城は将軍となった徳川家康により造営。その後、3代将軍家光が1626（寛永3）年の後水尾《ごみずのお》天皇の行幸《ぎょうこう》を迎えるにあたり改修・拡張した。国宝である二の丸御殿は、遠侍《とおざむらい》、大広間、黒書院、白書院など6棟の建物が連なる書院造を代表する遺構だ。狩野《かのう》派の障壁画が飾られた絢爛豪華な空間は、将軍家の威光を示すかのようだ。五層の天守閣、本丸御殿もあったが、落雷や火災で焼失した。

小堀遠州による二の丸庭園は池泉回遊式。池には蓬《ほう》莱《らい》島や鶴島、亀島があり、神仙蓬莱思想を表したものである。変化に富んだ豪壮な石組が美しく、特別名勝に指定される。

金箔地に大松が描かれた障壁画で飾られる二の丸御殿大広間。探幽や尚信など狩野派の絵師による。

Data

見どころ ①二の丸御殿の狩野派の絵師による襖絵。②例年3月下旬から4月中旬に開催されるライトアップ。200本を超える桜や庭園など幽玄の世界を堪能できる。③明治期の本丸庭園と昭和期の清流園の2つの庭園で四季の花木を観賞。 **アクセス** 京都市営地下鉄東西線二条城前駅から徒歩約5分。 **公式サイト** http://www2.city.kyoto.lg.jp/bunshi/nijojo/（元離宮二条城）

古都奈良の文化財

７１０（和銅３）年、唐の都・長安をモデルに誕生した平城京。東大寺や興福寺など次々と新しい寺院が建立され、天平文化として花開いた。東アジアとの交流を通し、独自に発展を遂げた芸術や建築など優れた文化財が今も残り、１９９８年、「古都奈良の文化財」としてそのうちの８つが世界遺産に登録された。

桜に包まれる東大寺の大仏殿。背景には興福寺の五重塔もそびえる。

古都奈良の文化財
東大寺

鎌倉時代、東大寺を復興した重源(ちょうげん)上人が再建した南大門(国宝)。大仏様(だいぶつよう)という様式で建てられた重層門だ。

世界最大級を誇る奈良のシンボル

「奈良の大仏さん」として親しまれる東大寺大仏殿の盧《る》舎那仏《しゃなぶつ》坐像。高さ約15mの大仏を正面から見上げると、世界最大級のスケールに言葉を失ってしまうほどだ。

聖武《しょうむ》天皇が国家安泰を祈願して造立《ぞうりゅう》した大仏は、752(天平勝宝4)年、開《かい》眼供養会《げんくようえ》が営まれた。奈良時代末には大仏を収める大仏殿など壮大な伽藍が完成するが、その後、2度も兵火によって焼失。現在の大仏殿は1709(宝永6)年再建の3代目だ。正面幅は約57mと創建時の3分の2だが、それでも木造建造物では世界最大級を誇る。

東大寺はほかにも多くの文化財を有する。なかでも正門にあたる南大門は、鎌倉時代初期に再建されたもの。高さは25mを超え、大仏殿にふさわしく日本最大の山門で、運慶・快慶作の阿吽《あうん》の仁王像も安置する。

大晦日から元旦と8月15日の万灯供養会のみ大仏殿の観相窓が開かれ、大仏様のお顔を外から拝観することができる。

Data

見どころ ①春を告げるお水取り(修二会〈しゅにえ〉)が催される二月堂。②境内北にある正倉院正倉。宮内庁の管理だが、奈良時代の校倉造(あぜくらつくり)を代表する遺構。③国宝や重要文化財の寺宝を企画展示する東大寺ミュージアム。 **アクセス** JR奈良駅、近鉄奈良駅から市内循環バスで大仏殿春日大社前バス停下車、徒歩約5分。 **公式サイト** http://www.todaiji.or.jp/ (東大寺)

古都奈良の文化財
興福寺

国宝の五重塔がそびえる藤原氏の氏寺

緑の木々に囲まれてそびえる興福寺の五重塔。東金《とうこん》堂《どう》や北円堂《ほくえんどう》など数々の堂宇を配す境内には門や塀がなく、鹿が悠々と歩き、奈良市街の中心にあるとは思えない景色が広がっている。

興福寺の起源は、藤原鎌足《ふじわらのかまたり》の夫人、鏡女王が建立した山階《やましな》寺に由来する。その後、飛鳥への移転を経て、鎌足の子・不比等《ふひと》が平城京遷都に際し、現在地に移し、名も興福寺と改めた。天皇や皇后、藤原氏によって次々と堂塔が建立され、藤原氏の氏寺として藤原氏の隆盛とともに繁栄した。

度重なる火災に見舞われたが、その度に再建され、五重塔、三重塔、東金堂、北円堂が国宝に指定される。

明治の廃仏毀釈《はいぶつきしゃく》で境内は最盛期のおよそ5分の1となったが、阿修羅像をはじめ、国宝の仏像を多数所蔵。往時の繁栄を物語るようだ。

Data

見どころ ①天平彫刻の傑作といわれる阿修羅像など多数の仏像が安置される国宝館。②猿沢池から眺める五重塔。水面に塔が美しく映り込む。③鎌倉時代初期に再建された三重塔。興福寺に現存する最古の建物。 **アクセス** 近鉄奈良駅から徒歩約7分。 **公式サイト** http://www.kohfukuji.com/（興福寺）

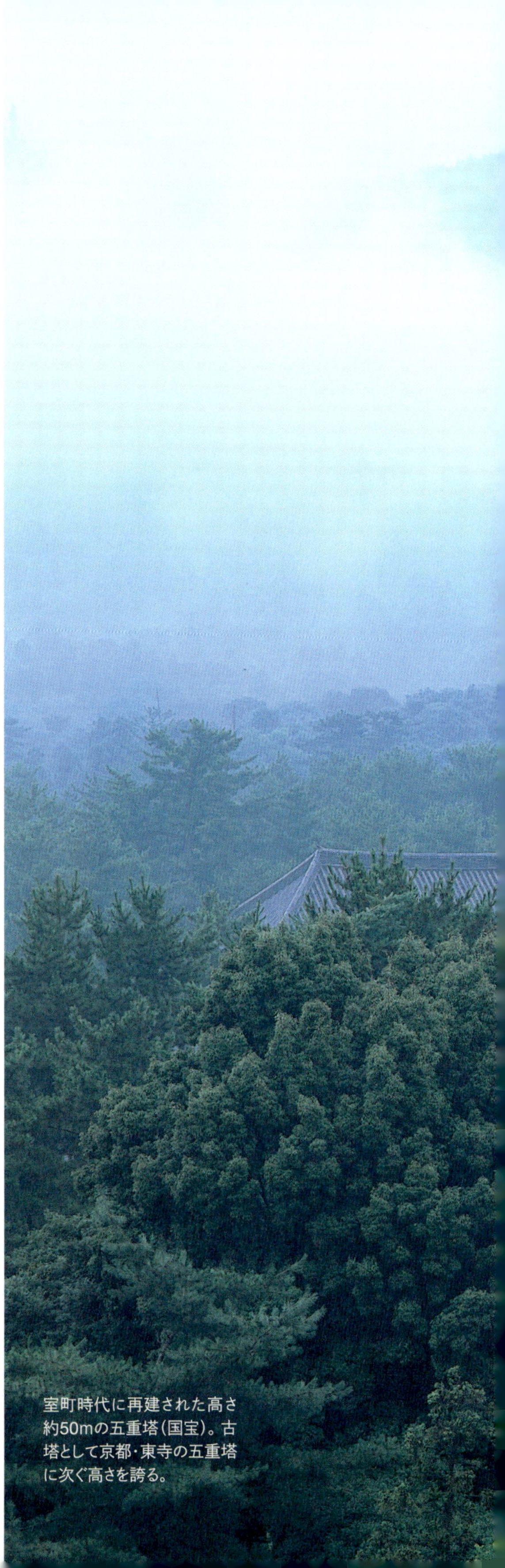

室町時代に再建された高さ約50mの五重塔（国宝）。古塔として京都・東寺の五重塔に次ぐ高さを誇る。

古都奈良の文化財
春日大社

東回廊に釣られる灯籠に明かりが灯ると、朱塗りの社殿を照らして幻想的な雰囲気に包まれる。

高さ約10mの楼門は、重要文化財に指定される中門（ちゅうもん）。この先に国宝の御本殿がある。

原始の森に抱かれた朱塗りの社殿

　奈良市街地の東に広がる春日山原始林に抱かれて鎮座する春日大社。一之鳥居をくぐり、1km以上も続く参道を歩くと緑の木々に映えた朱塗りの社殿が現れる。

　平城京遷都の際、鹿島神宮より武甕槌命《たけみかづちのみこと》が勧請《かんじょう》され、御蓋山《みかさやま》に祀られた。768（神護景雲《じんごけいうん》2）年には、経津主命《ふつぬしのみこと》、天児屋根命《あめのこやねのみこと》、比《ひ》売神《めがみ》を迎え、合わせて4柱を祀る社殿を造営。ここに春日大社の歴史が始まる。京都に都が移った後も、興福寺と一体となり、隆盛を大いに極めたという。

　国宝に指定される本殿4棟は、春日造と呼ばれる社殿形式。直会殿《なおらいでん》や内侍殿《ないしでん》などの社殿を囲むように朱の回廊がぐるりと巡る。社殿は20年毎の式年造替《しきねんぞうたい》により往古と変わらぬ壮麗な姿を保ち、現在も全国に3000ある分社の篤い信仰を集めている。

Data

見どころ ①芝生の美しい飛火野の景観。古代祭祀の地で、万葉の人々に思いを馳せる。②摂社・若宮神社の例祭、春日若宮おん祭（12月15〜18日）。時代行列が市街を練り歩くなど、880年続く伝統の神事。③万葉集に詠まれた約180種の植物を植栽する萬葉植物園。 **アクセス** JR奈良駅、近鉄奈良駅から奈良交通バス春日大社本殿行きで終点下車すぐ。 **公式サイト** http://www.kasugataisha.or.jp/（春日大社）

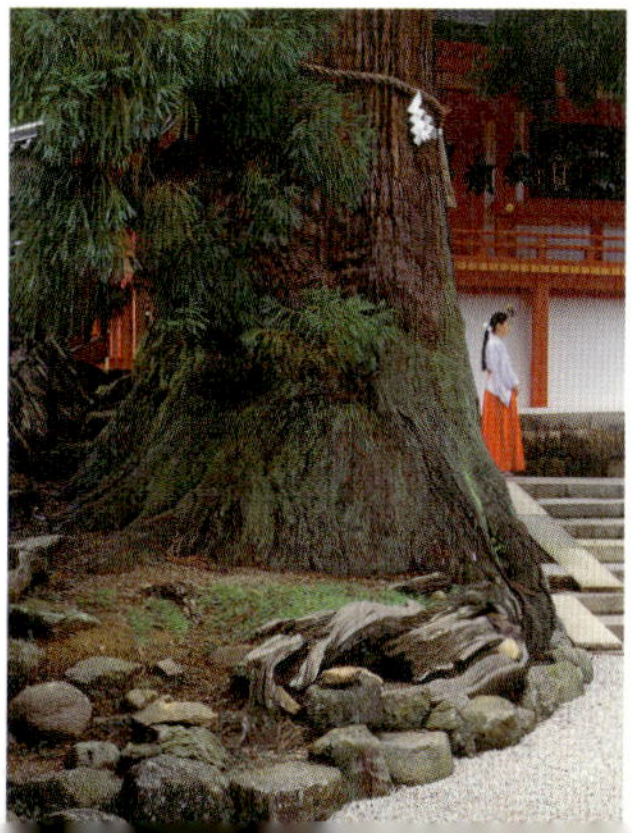

樹齢約800〜1000年といわれる大杉は、目通り周囲8.7m、高さ25mの巨木。平安時代から春日大社を見守ってきた。

古都奈良の文化財

元興寺

天平の古式を伝える
庶民の信仰篤い名刹

伝統的な町家が残る〝ならまち〟のなかに佇む元興寺。かつては興福寺と並び称された大寺院だったが、現在、当時を偲ぶものは極楽堂と禅室を残すのみだ。

前身は6世紀末、蘇我馬《そがのうま》子《こ》により飛鳥に建立された日本初の本格的な仏教寺院、法興寺《ほうこうじ》（飛鳥寺《あすかでら》）。平城遷都に伴い、718（養老2）年、官寺《かんじ》として現在地に移転、名も改めた。この時運び移された飛鳥の瓦が1300年の時を越えて、極楽堂や禅室の屋根の一部として現在も使われていることには驚きを隠せない。

極楽堂は奈良時代末の僧、智光《ちこう》が描かせた智光曼荼羅を本尊とする。これは平安時代末期より庶民の篤い信仰を集め、鎌倉時代には智光が居住したという僧房が極楽堂と禅室へと改築された。往時の面影を伝える2棟は国宝に指定されている。

Data

見どころ ①法輪館に安置される高さ5.5mの木造の五重小塔。奈良時代に造られた遺構で、国宝建造物。②屋根に残る飛鳥時代の古瓦。行基葺（ぎょうきぶき）と呼ばれる様式で、上部を細くした丸瓦を重ねたもの。③例年開催の秋季特別展では、重要文化財の板絵智光曼荼羅が公開される。

アクセス 近鉄奈良駅から徒歩約12分。 **公式サイト** http://www.gangoji.or.jp/（元興寺）

鎌倉時代、僧房を仏堂に改めた極楽堂。智光曼荼羅を安置する。

古都奈良の文化財
薬師寺

いにしえの白鳳伽藍でシルクロードを思う

7世紀後半、天武天皇が皇后（のちの持統天皇）の病気平癒を祈願し、藤原京に建立を始めた薬師寺。平城遷都に伴い、藤原京から規模や配置を変えず移したものが現在の薬師寺である。

日本で最初に一伽藍に二基の塔を建立した伽藍配置は薬師寺式と呼ばれる。

創建時から残る堂宇は平城京最古の建築、東塔（国宝）のみ。高さ34・5m、各層に裳階《もこし》という小さな屋根を付けた三重塔で、現在は解体修理が実施されており、見ることはできない。

金堂には薬師三尊像を祀る。薬師如来の台座に施された西域起源の葡萄唐草文様や蓮華文様、また大講堂に安置された、インドから文様が伝わる日本最古の仏《ぶつ》足石《そくせき》などを眺めると、奈良がシルクロードの終着点であったことをあらためて思わされる。

Data

見どころ ①金堂の薬師三尊像や大講堂の弥勒三尊像など国宝や重要文化財の数々の仏像。②国宝の「吉祥天女画像」をはじめ、数多くの文化財を収める大宝蔵殿は、春と秋に特別公開される（不定期）。③玄奘（げんじょう）三蔵院伽藍に祀られる日本画家・平山郁夫が描いた「大唐西域壁画」。正月・春・お盆・秋の公開。 **アクセス** 近鉄西ノ京駅から徒歩すぐ。 **公式サイト** http://www.nara-yakushiji.com/（薬師寺）

1976(昭和51)年に復興された金堂。本尊として祀られる薬師三尊像(国宝)は、金銅仏の最高傑作といわれる。

(写真右)中央に位置するのが国宝の東塔。現在、解体修理中で、2019年春(予定)まで拝観できない。右手前には1981(昭和56)年に復興された西塔がある(平成19年9月撮影)。
(写真左)東塔の屋上にそびえる相輪には、天女の透かし彫りが見事な水煙が見られる。

古都奈良の文化財

唐招提寺

鑑真の威光を伝える奈良時代の伽藍と名宝

753（天平勝宝5）年、聖武天皇の招請《しょうせい》により唐の高僧・鑑真和上《がんじんわじょう》が来日を果たした。仏教の正しい戒律を伝えるため、5度の渡航失敗を経てのことであった。東大寺で5年を過ごした後、759（天平宝字3）年、新《にい》田部《たべ》親王の旧宅を賜り、戒律の道場を開いたのが唐招提寺《とうしょうだいじ》の始まりとされる。

秋篠川《あきしのがわ》の西、のどかな田園風景のなかに広がる境内

2009年に平成の大修理を終えた金堂。堂内には本尊・盧舎那仏坐像をはじめ、9体の仏像を安置する。

には、天平文化の息吹を感じる伽藍が残り、金堂、講堂、経蔵など5棟が国宝。なかでも鑑真没後、弟子の如宝《にょほう》らによって建立された金堂《こんどう》は、寄棟造《よせむねづくり》の巨大な木造建造物。吹き放ちの庇に、高さ約5m、直径約60㎝の8本の柱が並ぶ姿は風格が漂う。また、金堂北側にある講堂は平城宮の東朝集《ひがしちょうしゅう》殿《でん》を移築し、仏殿に改修したもの。現存する唯一の平城宮の建物である。

Data

見どころ ①開山忌前後の6月5～7日だけ公開される鑑真和上坐像(国宝)。弟子の忍基(にんき)が制作を指導したとされる。②金堂に安置される盧舎那仏坐像や薬師如来立像、千手観音立像、四天王立像など奈良～平安時代の仏像(いずれも国宝)。③寺が伝える数多くの文化財を収蔵する新宝蔵。春、秋、年末年始などに開館する。 **アクセス** 近鉄西ノ京駅から徒歩約10分。 **公式サイト** http://www.toshodaiji.jp/ (唐招提寺)

古都奈良の文化財

平城宮跡

**朱塗りの朱雀門《すざくもん》を眺め
奈良の都へ思いを馳せる**

世界遺産登録の1998年に復元された平城宮の朱雀門。宮城《きゅうじょう》の正門で、法隆寺中門や薬師寺東塔などを参考にして再現された。2010年には、国の儀式を執り行った第一次大極殿《だいごくでん》も復元されている。

平城京は、710（和銅3）年、唐の都・長安をモデルに建設された東西約5・9km、南北約4・8kmの都。北側中央の平城宮に大極殿や天皇の住まいである内裏《だいり》などが立ち並んだ。都を南北に貫く朱雀大路の道幅は約75mもあったことから、いかに大都市であったかが窺《うかが》える。しかし、都が長岡京に移ると廃都となり、田畑と化した。

地下に保存されていた遺構は昭和に入って本格化した発掘調査によって明らかになってきている。周囲には調査を終えた遺構が公開されている施設もある。

Data

見どころ ①平城宮跡の歴史や発掘調査の過程を紹介する平城宮跡資料館や発掘調査で見つかった遺構を見学できる遺構展示館など、敷地内に点在する学習施設。②第一次大極殿や朱雀門を舞台に春や秋などに開催される平城京天平祭。③平城宮跡の南東に位置する皇太子宮殿跡に復元された東院庭園。 **アクセス** 近鉄大和西大寺駅から徒歩約10分。 **公式サイト** http://heijo-kyo.com/（平城宮跡）

屋根は重層で、入母屋造により復元された朱雀門。往時は外国使節を迎えるなどの行事が門の前で華々しく行われた。

古都奈良の文化財
春日山原始林

神の山とされる御蓋山を望む。

古代の姿を宿した神の住まう神秘の森

鬱蒼とした森が広がり、ありのままの自然が残る春日山原始林。昔から神様の使いとして大切にされてきた鹿たちが群れをなしてのんびりと草を食《は》んでいる。

春日大社の東に連なる御《み》蓋山《かさやま》や花山などを総称して春日山と呼ぶ。春日大社の神域として9世紀から狩猟と伐採が禁止され、原始の森がよく保たれてきた。

1955（昭和30）年には約300ヘクタールが国特別天然記念物に指定。春日大社と一体となり、山や自然を神として崇める日本人の信仰心を示すものとして世界文化遺産にも登録された。

春日山原始林には、若草山へと続く春日山遊歩道や、観音や石仏などが点在する旧柳生《やぎゅう》街道（東海自然歩道の一部）などが整備されている。古代から受け継がれる豊かな自然と歴史が感じられる場所である。

Data

見どころ ①奈良市街を見渡す標高342mの若草山。夜景も美しい。②石畳の道が続く旧柳生街道。夕日観音や朝日観音、首切地蔵などの石仏を訪ねたい。 **アクセス** 春日山原始林遊歩道入口（北）へは、JR奈良駅、近鉄奈良駅から奈良交通バス春日大社本殿行きで終点下車、徒歩約5分。 **公式サイト** http://www.pref.nara.jp/25846.htm（奈良県）

人の手が加えられていない原生林が広がる春日山原始林を歩くと、杉の巨木に出合える。

法隆寺地域の仏教建造物

約1400年の歴史をもつ法隆寺。斑鳩の里にそびえる五重塔のシルエットが美しい。

法隆寺

世界最古を誇る木造建造物を巡る

607（推古天皇15）年、奈良盆地の北西部に広がる斑鳩《いかるが》の里に推古天皇と聖徳太子により創建された法隆寺。しかし670（天智天皇9）年には、雷火で伽藍《がらん》を焼失。その後、創建時の飛鳥時代の様式で再建されたものが、現在の西院《さいいん》伽藍にあたる。金堂、五重塔、廻廊、中門《ちゅうもん》は現存する世界最古の木造建築として知られる。古色蒼然とした建物を眺めていると、その存在が奇跡のように思えてくる。

一方、聖徳太子の斑鳩宮の跡地に建てられたのが東《とう》院《いん》伽藍である。その中心的建造物である夢殿《ゆめどの》は本瓦葺の八角円堂で、太子の等身とされる救世《くぜ》観音を本尊として祀っている。

国宝18件、重要文化財29件の建造物を擁する法隆寺は、仏教建築や美術の宝庫。まさしく世界遺産にふさわしい古寺である。

Data

見どころ ①国宝の百済（くだら）観音像や玉虫厨子（たまむしのずし）など、数々の寺宝を納める大宝蔵院。②西院伽藍の金堂にある金銅釈迦三尊像（国宝）。聖徳太子の冥福を祈って造られたもので、飛鳥仏特有の微笑をたたえているのが特徴。③鏡池の畔には、「柿くへば鐘が鳴るなり法隆寺」と詠んだ正岡子規の句碑が立つ。 **アクセス** JR法隆寺駅より徒歩約20分。または奈良交通バス法隆寺門前行きで約8分、法隆寺門前バス停下車すぐ。 **公式サイト** http://www.horyuji.or.jp/（法隆寺）

法隆寺地域の仏教建造物

法起寺

最古の三重塔がそびえる聖徳太子ゆかりの古刹

法隆寺とともに「法隆寺地域の仏教建造物」として世界遺産に登録された法起寺。法隆寺から北東約1．3㎞に位置する田園風景のなかにある。

聖徳太子の遺命を受けた山背大兄王《やましろのおおえのおう》が岡本宮を改めて寺としたと伝わり、別名、岡本寺。法隆寺や四天王寺などととともに太子御建立七ヵ寺のひとつに数えられる。

境内に立つ三重塔は、

水面に映る姿が美しい三重塔。法隆寺五重塔、法輪寺三重塔とともに「斑鳩三塔」と称される。

日本最古の法起寺の三重塔は高さ約24mで、法隆寺の五重塔とよく似ているといわれる。

706（慶雲3）年に建立されたもので、この建築年は文献『聖徳太子伝私記』に記録されている露盤銘《ろばんめい》から明らかであるとされる。三重塔としては我が国最古の遺構である。

秋になると、法起寺周辺には一面コスモスが咲き乱れる。コスモス畑に囲まれたのどかな古塔の眺めは、悠久の時を越えて受け継がれてきた太子の御心にふれられるようである。

Data

見どころ ①春にはレンゲ、秋にはコスモスが咲く田園風景にそびえる三重塔の眺め。②収蔵庫には、重要文化財の十一面観音菩薩像を安置する。③近くには太子御建立七ヵ寺のひとつ、中宮寺や、三重塔がある法輪寺が点在する。 **アクセス** 近鉄奈良駅から奈良交通バス法隆寺前行きで約55分、法起寺前バス停下車、徒歩すぐ。 **公式サイト** http://www.horyuji.or.jp/hokiji.htm（法起寺）

紀伊山地の霊場と参詣道

２００４年、世界遺産に登録された「紀伊山地の霊場と参詣道」は、熊野三山、高野山、吉野・大峯の３霊場とそれらをつなぐ信仰の道からなる。険しい山岳地帯であるゆえ、古くから神々が宿る所として崇拝された紀伊山地。やがて自然崇拝から生まれた神道と大陸から伝来した仏教が結びつき、神仏習合の霊場となったのだ。

霊場「熊野三山」

熊野那智大社の信仰の原点となる那智大滝。高さ約133mの垂直に切り立った岩肌を流れ落ちる。

小雲取越（こぐもとりごえ）の途中にある「百間（ひゃっけん）ぐら」からの眺め。熊野古道有数の絶景スポットで、山深い紀伊半島の峰々の大パノラマが広がる。

自然と信仰が織りなす神仏習合の霊場

　本州最南端に位置する紀伊山地。高温と多雨な環境が深い森を育んできた。古《いにしえ》の人々はこの雄大で神秘的な自然に神が宿ると考えた。

　熊野三山は、熊野本宮《ほんぐう》大社、熊野速玉《はやたま》大社、熊野那智大社の3社からなる。もともと別々の自然崇拝に由来して誕生したものだが、平安時代に神と仏を同一視する神仏習合の思想が広まり、相互に関連しあって三山が成立。以来、熊野を現世の浄土と見なした人々を惹きつけ、三山を巡礼する熊野詣《もうで》が盛んに行われた。

　那智山の中腹に鎮座する熊野那智大社では那智大滝に出合う。直瀑では日本一という落差約133mを一気に落ちる勇壮な姿を眺めていると、現代を生きる私たちの胸にも自然への畏敬の念がこみあげてくる。熊野では自然と結びついた信仰が今も息づいているのだ。

Data
見どころ ①熊野那智大社の那智大滝。手前に立つ青岸渡寺の朱塗りの三重塔とのコントラストが美しく、那智山が代表する景観。②熊野本宮大社近くにある湯の峰温泉「つぼ湯」は参詣道の一部として世界遺産に登録される。熊野詣における湯垢離場（ゆごりば）として栄えた。 **アクセス** 熊野那智大社へは、JR紀伊勝浦駅から熊野交通バス那智山方面行きで約25分、那智山バス停下車、徒歩約15分。 **公式サイト** http://www.sekaiisan-wakayama.jp/（和歌山県世界遺産センター）

紀伊山地の霊場と参詣道
霊場「高野山」

根本大塔内の16本の柱には日本画家、堂本印象（どうもといんしょう）の手により十六大菩薩（じゅうろくだいぼさつ）が色鮮やかに描かれている。

空海が開いた真言密教の霊場

1200年もの歴史を誇る真言密教の一大聖地、高野山。816（弘仁7）年、唐から帰国した空海が標高1000m級の峰々に囲まれた盆地に真言密教の根本《こんぽん》道場《どうじょう》として開いたもので、今も117の寺院が密集している。「一山境内地」と称し、高野山全体を境内とするが、なかでも空海が開創した際、最初に整備したのが壇上《だんじょう》伽藍《がらん》である。壇上伽藍には真言密教のシンボルとして建立された根本大《こんぽんだい》塔《とう》や、高野山一山の総本堂として重要な儀式が執り行われる金堂などが立ち並んでいる。

また、弘法大師《こうぼうだいし》御廟《ごびょう》のある奥之院も壇上伽藍と並ぶ重要な場所。一の橋から杉木立が続く参道には20万基を超えるという供養塔や墓石が立ち並ぶ。お大師様と慕われる空海への篤《あつ》い信仰を見せつけられるようだ。

Data

見どころ ①高野山内の貴重な文化財を保存・展示する高野山霊宝館。②高野山では写経をはじめ、阿字観（呼吸法・瞑想法）、御詠歌、華道などさまざまな体験講座を用意。③奥之院には織田信長や豊臣秀吉、上杉謙信、武田信玄など戦国武将の供養塔や墓石があるので探してみたい。 **アクセス** 高野山へは、南海電鉄南海高野線極楽橋駅から南海高野山ケーブルで高野山駅下車。 **公式サイト** http://www.koyasan.or.jp/（金剛峯寺）

(写真右)朱塗りの根本大塔は1937(昭和12)年に再建されたもの。胎蔵(たいぞう)大日如来を本尊とする。
(写真左)弘法大師入定(にゅうじょう)の地である奥之院は、大師信仰の聖地。樹齢数百年に及ぶ杉木立のなか、墓碑や供養塔が立ち並ぶ。

紀伊山地の霊場と参詣道

霊場「吉野・大峯」

社殿が重要文化財に指定される吉野水分神社。現在の社殿は、1604（慶長9）年に豊臣秀頼により再建された。

役行者を開祖とする修験道の聖地

日本古来の山岳信仰に神道や密教などが結びつき確立された修験道。７世紀後半、修験道の開祖とされる役行者《えんのぎょうじゃ》が千日の苦行を行った霊場が吉野・大峯である。

大峰山脈北部に位置する吉野山を中心に、修験道の行場《ぎょうば》である大峯奥駈道《おおみねおくがけみち》が熊野三山まで延びる。標高１２００〜１９００ｍの急峻な山々が続く尾根伝いを、「靡《なびき》」と呼ばれる行場を巡拝しながら歩き通す厳しい修行の場であった。世界遺産には大峯奥駈道沿いの行場に立つ金峯山寺《きんぷせんじ》や金峯神社、吉水《よしみず》神社、吉野水分《よしのみくまり》神社などが登録されている。

吉野山といえば桜が名高い。これも役行者が山桜の木に蔵王権現を刻んだという伝承に由来する。信者により一帯に植えられたという美しい桜は、厳しい山岳修行の癒しとなっていたのかもしれない。

Data

見どころ ①役行者の開創と伝わる金峯山寺。吉野の中心的伽藍として信仰を集めた。②白山桜を中心に約200種3万本の桜で埋め尽くされる春の吉野山。　**アクセス** 吉野山へは、近鉄吉野駅下車。　**公式サイト** http://www.town.yoshino.nara.jp/kanko-event/sekai-isan/（吉野町　世界遺産）、http://www.yoshinoyama-sakura.jp/（吉野山観光協会）

創建年は不詳だが、『延喜式』にも名を連ねる吉野水分神社。

石畳の道の両脇に鬱蒼とした杉並木が続く熊野古道。

紀伊山地の霊場と参詣道
熊野参詣道

熊野三山へと導いた信仰の道を歩く

紀伊山地の奥深く、杉木立や石畳が続く熊野古道。道の傍らには石仏や地蔵が祀られている。古来、救いを求めた人々が熊野を目指して歩いた道だ。

熊野古道は、熊野三山へ通じる古い街道を総称したもの。熊野古道のうち、田辺から東へ進み、熊野本宮に向かう中辺路《なかへち》、田辺から海岸線沿いに那智・新宮へと向かう大辺路《おおへち》、高野山から熊野本宮へ向かう小辺路《こへち》、伊勢神宮から熊野三山へ向かう伊勢路の4ルートが熊野参詣道として世界遺産に登録されている。

末法思想が広まった平安時代、上皇や貴族が熊野詣を始め、その後、武士や庶民へと広まった。「蟻の熊野詣」という言葉で知られる通り、参詣者が山中に列をなしたという。今も信仰の道を歩けば、古《いにしえ》の祈りの声が聞こえてきそうだ。

Data

見どころ ①発心門王子（ほっしんもんおうじ）から熊野本宮大社へ向かうコースは初心者でも歩きやすい（約6.9km）。②中辺路のなかでも古道の風情を感じる大門坂から熊野那智大社へのコース（約2.5km）。 **アクセス** 発心門王子へは、JR紀伊田辺駅から龍神バス発心門王子方面行きで約2時間20分、終点下車。 **公式サイト** http://www.hongu.jp/kumanokodo/（熊野本宮観光協会）

姫路城

約400年の時を越えて白く輝く日本の名城

2015年3月、平成の大修理を終えて姿を現した白亜の姫路城。白漆喰《しろしっくい》総塗《そうぬり》籠造《こめづくり》の優美な姿で、白鷺《しらさぎ》城と称えられる名城だ。

姫路城が現在の姿となったのは、関ヶ原の戦いの後、城主となった池田輝政の9年にも及ぶ大改築による。中心には5層6階、地下1階の大天守と3基の小天守をそれぞれ渡櫓《わたりやぐら》で結んだ壮大な天守群がそびえる。そして1617（元和3）年に藩主となった、本多忠政が西の丸などを増築。幾層にも重なる屋根には千鳥《ちどり》破《は》風《ふ》や唐《から》破風などの美しい装飾が施されている。また迷路のような複雑な縄張りに急勾配の石垣や、塀に設けた小窓、狭間《さま》などを配し、要塞としての機能にも優れる。

廃城や戦火の危機を奇跡的に免れ、17世紀の城郭建築の最高傑作として往時の姿を留めている。

国宝8棟、重要文化財74棟を擁する姫路城。1993年、法隆寺とともに日本初の世界文化遺産に登録された。

(写真上)小天守の華頭窓(かとうまど)からの眺め。小天守の屋根越しに姫路の町が広がる。
(写真下)大天守4階にある破風の間。天井には千鳥破風の傾斜が見られる。

Data
見どころ ①三国堀の前が天守の絶好の撮影スポット。水面に映る姫路城も美しい。②日没から午前0時までライトアップされる。季節によって色も変わる。③姫路城を借景に造られた池泉回遊式の姫路城西御屋敷跡庭園「好古園」。江戸時代を思わせる風流な佇まいを堪能。　アクセス JR姫路駅・山陽電鉄山陽姫路駅から徒歩約20分。またはJR姫路駅北口から神姫バスで約3分、姫路城大手門前バス停下車、徒歩約5分。　公式サイト http://www.city.himeji.lg.jp/guide/castle/ (姫路城)

原爆ドーム

被爆してドーム状の鉄骨を残した旧産業奨励館は、いつしか市民から原爆ドームと呼ばれるようになった。

夜にはライトアップされる原爆ドーム。昼間とは異なる趣で、平和へのメッセージを発信する。

被爆の姿を留め　平和を訴える〝負の遺産〟

核兵器の惨禍を伝える原爆ドーム。核兵器廃絶と恒久平和への祈念の象徴として、1996年世界遺産に登録された。人類の過ちを記憶することから「負の遺産」とも呼ばれている。

もともと原爆ドームは1915（大正4）年、広島県の産業振興のために建てられた洋風建造物。楕円形のドームを頂く、煉瓦造りの3階建ての建物で、広島市民の耳目を集めたという。しかし、1945（昭和20）年8月6日、広島に人類史上初となる原子爆弾が投下される。爆心地近くに位置したにもかかわらず、ドームの鉄骨と壁の一部が残り、倒壊を免れた。

今も元安川《もとやすがわ》沿いの川岸に鉄骨をむき出しにして静かに立つ原爆ドーム。広島の近代的な町並みに溶け込んだその姿に平和の尊さをあらためて感じるだろう。

Data

見どころ ①爆心地近くに整備された平和記念公園。原爆死没者慰霊碑もあり、死没者の名簿を納めている。②原爆の被害や被爆者の遺品などの原爆に関する展示を行い、平和を訴える広島平和記念資料館。　**アクセス** JR広島駅南口から路面電車2番宮島口行き、または2番西広島駅行き、または6番江波行きで約20分、原爆ドーム前電停下車。
公式サイト http://www.city.hiroshima.lg.jp/www/dome/index.html（原爆ドーム）

原爆ドーム内部には、今も崩れた煉瓦など瓦礫が散乱している。

嚴島神社

清盛が造営した、まるで龍宮城のような神社

平安時代の雅を伝える廻廊が海上に浮かぶ嚴島《いつくしま》神社。視線を海へやると、丹塗りの大鳥居が波間にどっしりと立っている。緑の森を背景に、海と陸の境界に建立された類まれな社殿である。

厳島は古くから神宿る島として崇められてきた。最初に社殿が建てられたのは推古天皇の時代と伝わる。12世紀、平清盛が平家一門の守護を祈願し、壮大な社

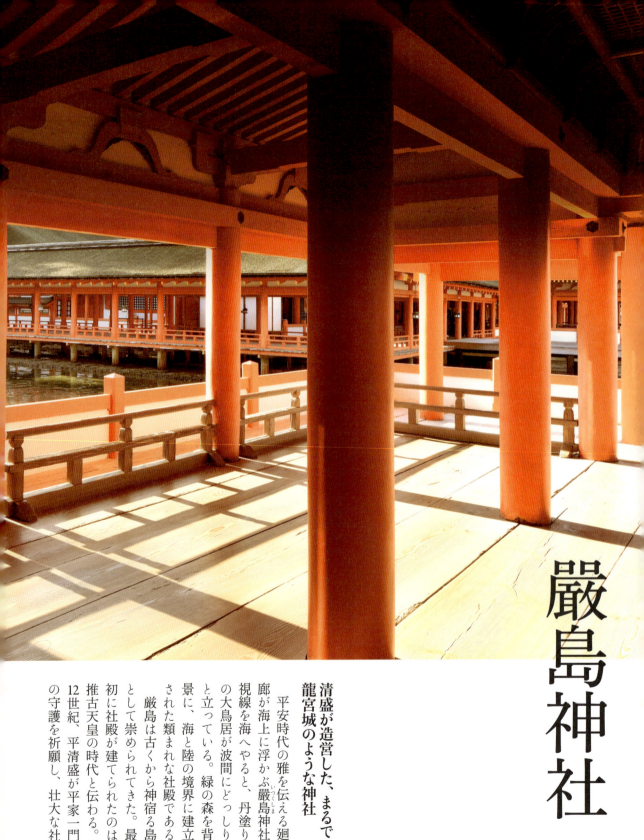

（写真上）約16mある丹塗りの大鳥居は、海底に埋められているわけではなく、自らの重みだけで立っている。
（写真下）日没30分後ぐらいから23時までライトアップされる。海上から眺めるナイトクルーズも人気。

廻廊で結ばれる寝殿造の壮麗な社殿。満潮時には海に浮かんでいるように見える。

殿に造り替えた。平安時代の貴族の住宅様式であった寝殿造を取り入れ、東西の廻廊でつないだ絢爛豪華な社殿が誕生した。ここに清盛は極楽浄土の世界を重ね合わせたのかもしれない。

嚴島神社の景観は潮の干満によって印象が変わる。満潮時なら遊覧船で大鳥居をくぐり、海からの参拝も叶う。潮が引けば大鳥居まで歩くことも。それぞれの姿を楽しみたい。

Data
見どころ ①世界遺産に登録される弥山原始林は、紅葉の名所。宮島ロープウエーに乗れば山頂からの眺めも楽しめる。②遊覧船で海から嚴島神社を眺める。ライトアップされた海面を行く夜のクルーズは幻想的。③例年8月11日に開催される宮島水中花火大会。宮島の夏を華やかに彩る一大イベント。**アクセス** 宮島へは、宮島口桟橋からフェリーで約10分（宮島口桟橋へは、JR宮島口駅から徒歩約5分）。**公式サイト** http://www.itsukushimajinja.jp/（嚴島神社）

琉球王国のグスク及び関連遺産群

那覇の町を見下ろす首里城。沖縄戦でほぼ全焼し、現在は琉球王国時代の姿を復元し、首里城公園として整備されている。

琉球王国のグスク及び関連遺産群

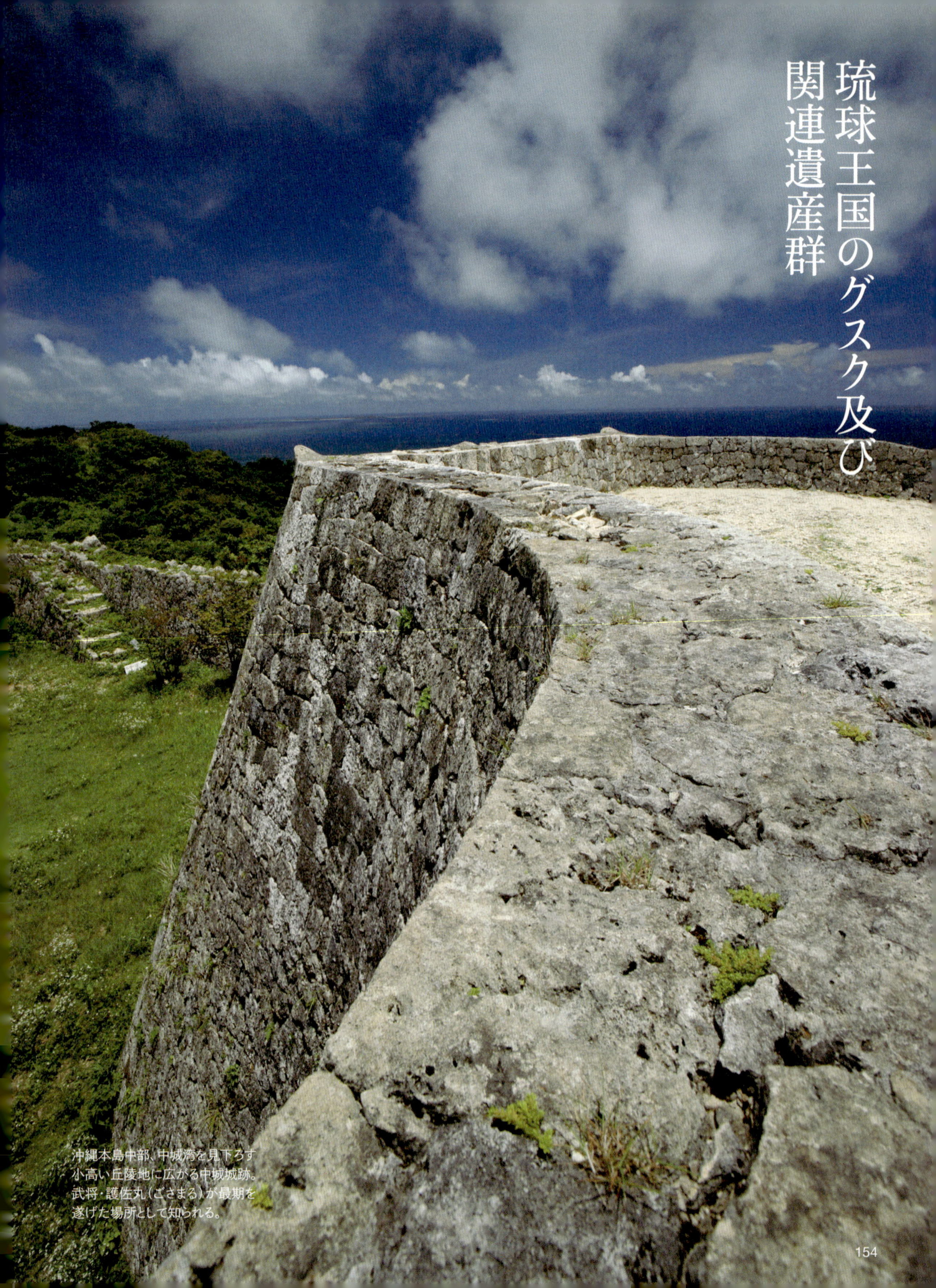

沖縄本島中部、中城湾を見下ろす小高い丘陵地に広がる中城城跡。武将・護佐丸（ごさまる）が最期を遂げた場所として知られる。

南海の島国に花開いた独自の文化や信仰

　1429年の統一以来、450年間にわたり続いた琉球王国。日本や中国、東南アジア諸国と交流しながら独自の文化が花開いた。2000年、世界遺産に登録された「琉球王国のグスク及び関連遺産群」には、グスク（城）と呼ばれる城塞の跡や琉球独特の信仰を受け継ぐ聖地など9件の史跡が含まれている。

　なかでも首里城は、国王の居城かつ政治や外交、文化の中心となった場所。漆塗りの鮮やかな朱色の正殿《せいでん》がその格式を物語っているかのようだ。統一以前には、按司《あじ》と呼ばれる豪族が覇権を争っていたが、各地にはそれぞれの拠点となったグスクも点在。中城城跡《なかぐすくじょうあと》や勝連城跡《かつれんじょうあと》など、美しい海を見下ろす高台に曲線を描いた石積みが残る。ゆったりと流れる時間のなかで興亡の歴史に思いを馳せたい。

（写真上）沖縄本島の東岸、勝連半島の付け根に位置する勝連城跡。（写真下）石積みが美しい中城城跡は6つの郭（くるわ）からなり、雄大な威容を誇る。アーチ門にも卓越した石積みの技が見られる。（写真右）沖縄本島南部にある斎場御嶽（せーふぁうたき）は、琉球王国最高の聖地といわれる。2つの巨石が支え合う祈りの空間・三庫理（さんぐーい）に自然の神秘を感じる。

Data

見どころ ①沖縄本島北部にある今帰仁城跡（なきじんじょうあと）。首里城に次ぐ規模を誇る。②首里城の南に位置する王家の別邸、識名園（しきなえん）。庭園は廻遊式で、ここで中国からの使者、冊封使（さっぽうし）をもてなしていた。③首里城近くにある玉陵（たまうどぅん）は、王族が眠る陵墓。入口にある奉円館（ほうえんかん）で沖縄独特の葬送の儀式などについて展示・紹介している。　**アクセス** 首里城へは、那覇空港駅からゆいレール（モノレール）で首里駅下車、徒歩約15分。
公式サイト http://oki-park.jp/shurijo/（首里城公園）

日本国内の世界遺産と構成資産一覧

（2016年2月現在）

「顕著な普遍的価値」をもつ、人類の素晴らしい遺産を未来の世代へ受け継いでゆこうと誕生した世界遺産。日本でも1993年に最初の世界遺産が生まれ、現在、自然遺産と文化遺産を合わせて19件が登録されている。

［自然遺産］

動植物の進化の過程や固有の生態系、また生物多様性などが登録基準となる自然遺産。日本では4件が登録されている。

白神山地（登録1993年）

青森県南西部と秋田県北西部の県境にまたがる白神山地のうち、中心部の約1万7000ヘクタールが遺産地域に登録される。

屋久島（登録1993年）

屋久島の中心部から西の海岸部におよぶ約1万7000ヘクタールが遺産地域に登録される。

知床（登録2005年）

知床半島の中央部から先端の知床岬にかけての陸地と、その周辺の海を含む約7万1100ヘクタールが遺産地域となる。

小笠原諸島（登録2011年）

世界遺産の区域は聟《むこ》島列島、父島列島、母島列島、北硫黄島、南硫黄島、西之島で、総面積は約7900ヘクタール。

［文化遺産］

建造物や庭園、伝統的な集落、また、自然と人間の営みが生み出した文化的景観など15件が登録されている。

法隆寺地域の仏教建造物（登録1993年）

法隆寺
法起寺

姫路城（登録1993年）

古都京都の文化財（京都市、宇治市、大津市）（登録1994年）

賀茂別雷神社（上賀茂神社）
賀茂御祖神社（下鴨神社）
教王護国寺
清水寺
延暦寺
醍醐寺
仁和寺
平等院
宇治上神社
高山寺
西芳寺
天龍寺
鹿苑寺
慈照寺
龍安寺
本願寺
二条城

白川郷・五箇山の合掌造り集落（登録1995年）

白川村荻町地区
平村相倉地区
上平村菅沼地区

原爆ドーム（登録1996年）

厳島神社（登録1996年）

厳島神社
厳島

古都奈良の文化財（登録1998年）

東大寺
興福寺
春日大社
春日山原始林
元興寺
薬師寺
唐招提寺
平城宮跡

日光の社寺（登録1999年）

二荒山神社
東照宮
輪王寺

琉球王国のグスク及び関連遺産群（登録2000年）

今帰仁城跡
座喜味城跡
勝連城跡
中城城跡
首里城跡
園比屋武御嶽石門
玉陵
識名園
斎場御嶽

紀伊山地の霊場と参詣道（登録2004年）

●霊場「吉野・大峯」
吉野山
吉野水分神社
金峯神社
金峯山寺
吉水神社
大峰山寺
●霊場「熊野三山」
熊野本宮大社
熊野速玉大社
熊野那智大社
青岸渡寺
那智大滝
那智原始林
補陀洛山寺
●霊場「高野山」
丹生都比売神社
金剛峰寺
慈尊院
丹生官省符神社
●参詣道
大峯奥駈道
熊野参詣道中辺路
熊野参詣道小辺路
熊野参詣道大辺路
熊野参詣道伊勢路
高野山町石道

石見銀山遺跡とその文化的景観

(登録2007年)
銀山柵内
代官所跡
矢滝城跡
矢筈城跡
石見城跡
大森・銀山重要伝統的建造物群
保存地区
宮ノ前
熊谷家住宅
羅漢寺五百羅漢
石見銀山街道鞆ヶ浦道
石見銀山街道温泉津・沖泊道
鞆ヶ浦
沖泊
温泉津重要伝統的建造物群
保存地区

平泉―仏国土(浄土)を表す建築・庭園及び考古学的遺跡群―

(登録2011年)
中尊寺
毛越寺
観自在王院跡
無量光院跡
金鶏山

富士山―信仰の対象と芸術の源泉(登録2013年)

富士山域
山頂の信仰遺跡群
大宮・村山口登山道
須山口登山道
須走口登山道
吉田口登山道
北口本宮冨士浅間神社
西湖
精進湖
本栖湖
富士山本宮浅間大社
山宮浅間神社
村山浅間神社
須山浅間神社
冨士浅間神社(須走浅間神社)
河口浅間神社
冨士御室浅間神社
御師住宅(旧外川家住宅)
御師住宅(小佐野家住宅)
山中湖
河口湖
忍野八海(出口池)
忍野八海(お釜池)
忍野八海(底抜池)
忍野八海(銚子池)
忍野八海(湧池)
忍野八海(濁池)
忍野八海(鏡池)
忍野八海(菖蒲池)
船津胎内樹型
吉田胎内樹型
人穴富士講遺跡
白糸ノ滝
三保松原

富岡製糸場と絹産業遺産群

(登録2014年)
富岡製糸場
田島弥平旧宅
高山社跡
荒船風穴

明治日本の産業革命遺産 製鉄・製鋼、造船、石炭産業

(登録2015年)
●萩
萩反射炉
恵美須ヶ鼻造船所跡
大板山たたら製鉄遺跡
萩城下町
松下村塾
●鹿児島
旧集成館
寺山炭窯跡
関吉の疎水溝
●韮山
韮山反射炉
●釜石
橋野鉄鉱山
●佐賀
三重津海軍所跡
●長崎
小菅修船場跡
三菱長崎造船所 第三船渠
同ジャイアント・カンチレバークレーン
同旧木型場
同占勝閣
高島炭坑
端島炭坑
旧グラバー住宅
●三池
三池炭鉱・三池港
三角西港
●八幡
官営八幡製鐵所
遠賀川水源地ポンプ室

日本国内の世界遺産暫定リスト（2016年2月現在）

世界遺産条約の締結国が世界遺産の登録を目指す自国の候補資産を記載する「暫定リスト」。現在、日本では10件が記載されている。すでに世界遺産への登録を果たした平泉も5資産の追加登録を目指して、再び暫定リストに名を連ねている。

［文化遺産］

古都鎌倉の寺院・神社（記載1992年）

12世紀末、日本初の武家政権が誕生した場所。南は海に面し、三方は丘陵で囲まれた天然の要害に整備されたのが特徴で、鶴岡八幡宮や建長寺などの社寺、当時の権力者の屋敷跡、丘陵には切通《きりどおし》と呼ばれる交通路が残る。

彦根城（記載1992年）

西国の防御の要として、徳川家康が井伊家に築城させた城。石田三成ゆかりの佐和山城をはじめ、大津城や長浜城などの城郭を解体した資材を用いたといわれている。約400年前の築城当時の姿を残す天守は国宝。

長崎の教会群とキリスト教関連遺産（記載2007年）

禁教時代、潜伏して信仰を守り抜いた長崎の隠れキリシタン。キリスト教の伝来から弾圧・潜伏、そして復活という3つの時代を、大浦天主堂をはじめ、平戸や五島列島の教会など14の構成資産が物語っている。

朝夷奈（あさいな）切通

飛鳥・藤原の宮都とその関連資産群（記載2007年）

大和盆地にある飛鳥地方は、推古天皇が592（崇峻5）年に豊浦宮《とゆらのみや》を開いてから710（和銅3）年の平城京遷都まで都が置かれた場所。藤原宮跡や高松塚古墳、石舞台古墳などで構成され、律令国家の黎明期をよく示している。

国立西洋美術館本館（記載2007年）

近代建築を代表する建築家、ル・コルビュジエの作品で、円柱の並ぶピロティやスロープでつながる展示室などが特徴。フランスを中心に7カ国17の構成資産での登録を目指し、2016年に登録の可否が審議される。

北海道・北東北を中心とした縄文遺跡群（記載2009年）

日本列島において約1万年もの長期間にわたり続いた縄文時代の18の遺跡群で構成される。貝塚や集落跡、祭祀や精神的活動を示す記念物などが含まれ、なかでも国内最大級の縄文集落跡である青森県の三内丸山遺跡がよく知られている。

「神宿る島」宗像・沖ノ島と関連遺産群（記載2009年）

玄界灘に浮かぶ孤島・沖ノ島は、遣唐使の派遣などに際し航海の安全を祈願して国家的祭祀が行われた場所。日本固有の自然崇拝思想の原初的な形態を残しており、女人禁制などの禁忌によって守られてきた。2017年の世界遺産登録を目指す。

金を中心とする佐渡鉱山の遺産群（記載2010年）

江戸幕府の直轄地として開発が進められた佐渡金山は、我が国最大級の産出量を誇る。日本最大級の相川《あいかわ》金銀山など400年以上も採掘が続けられ、鉱山遺跡や建造物などの産業遺産から採掘技術の変遷を辿ることができる。

百舌鳥・古市古墳群（記載2010年）

大阪府堺市、藤井寺市、羽曳野市には、仁徳天皇陵に代表されるような巨大な古墳が数多く現存。4世紀後半から6世紀前半にかけて天皇をはじめ、権力者を埋葬するために造られた。古代日本における国家形成の過程をよく示している。

※「平泉――仏国土（浄土）を表す建築・庭園及び考古学的遺跡群――」は、拡張申請。

まんだら堂やぐら群

著者プロフィール写真撮影 ● 安岡佑輔
装幀 ● 宮崎絵美子
ロゴ ● 藤田大督
本文デザイン ● 中務慈子
編集協力 ● 株式会社オメガ社

著者

三好和義（みよし・かずよし）

1958年徳島市生まれ。17歳の時、当時の最年少記録で銀座ニコンサロンでの写真展「沖縄先島」を開催。大学在学中に本格的にプロの写真家として活動を始める。雑誌『BRUTUS』（マガジンハウス）などの表紙写真を撮影。27歳の時、初めて出版した写真集『RAKUEN』（小学館）で木村伊兵衛賞を受賞。これも当時の最年少記録。以降「楽園」をテーマに世界中で撮影。近年は日本での撮影も多く、『京都の御所と離宮』（朝日新聞出版）、『室生寺』（クレヴィス）などの写真集を発表。「屋久島」など日本の世界遺産のすべてを撮影する。これらの作品は、現在も国際交流基金により世界を巡回中。

執筆協力

山本厚子（やまもと・あつこ）

トラベル・ライター。旅行会社勤務を経て、フリーランスのライターに。ガイドブックや情報誌などで日本各地の観光地、宿、レストランなどの取材・執筆を行う。2011年、世界遺産検定マイスターに認定され、2014年よりNPO法人世界遺産アカデミー認定講師。

PHPビジュアル実用BOOKS

一度はこの目で見てみたい！日本の世界遺産

2016年5月2日　第1版第1刷発行

著　者　三好和義
発行者　安藤　卓
発行所　株式会社PHP研究所
京都本部　〒601-8411　京都市南区西九条北ノ内町11
文芸教養出版部
生活文化課　☎075-681-9149（編集）
東京本部　〒135-8137　江東区豊洲5-6-52
普及一部　☎03-3520-9630（販売）

PHP INTERFACE　http://www.php.co.jp/
印刷所・製本所　凸版印刷株式会社

ISBN978-4-569-83350-7